COLECCIÓN NUTRICIÓN Y SALUD

Recetas y menús vegetarianos para las 4 estaciones

Sopas, ensaladas, crudités, entrantes, legumbres, cereales, postres...

Martine Rigaudier

A mi familia, a Nicolas, Valérie, Patrick y, naturalmente, a Roland, mi querido glotón.

Mi agradecimiento a Hervé, que me ha ayudado amistosamente a preparar los platos para la realización de las fotos de la cubierta.

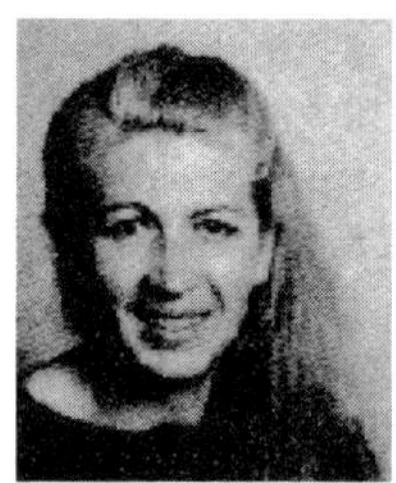

LA AUTORA:

Martine Rigaudier ha regentado, durante varios años, una tienda de productos naturales y un restaurante vegetariano en Lyon. Su objetivo ha sido siempre, dismitificar la errónea reputación de los «regímenes vegetarianos», sosos, aburridos e insípidos, puesto que, de hecho, el mundo vegetal ofrece un amplio, variado y suculento abanico de posibilidades que responden a una necesidad cada vez más vital, verdadera alternativa a todas las incoherencias de nuestro nefasto mundo alimentario actual. Su primera obra: *330 recetas vegetarianas*, editada por Paidotribo, convertida rápidamente en un auténtico *best-seller* en este campo, ha sido completada por un segundo libro: *Recetas y menús vegetarianos para las 4 estaciones*. Ambos forman un todo que propone, para cada individuo, una alimentación sana y equilibrada todo el año.

Título original de la obra:
Recettes et menus végétariens pour les 4 saisons
Dangles

Traducción:
Marta Moreno

Editorial Paidotribo
paidotribo@paidotribo.com
Consejo de Ciento, 245, bis, 1.° 1.ª
08011 Barcelona
Tel.: (93) 323 33 11 Fax: (93) 453 50 33
http://www.paidotribo.com/

Primera edición:
D. L.: B. 8.053 -1997
ISBN: 84-8019-318-2

Fotocomposición: EdiGestió
Impreso en España por A & M. Gràfic

OBRA DE LA MISMA AUTORA

330 Recetas vegetarianas. Sopas, ensaladas, crudités, entrantes, legumbres, cereales, pastas, quesos, postres, bebidas, salsas...

La cocina vegetariana no es ni triste ni austera, sino viva y múltiple: está basada, obviamente, en las verduras y las frutas, pero incluye también subproductos animales como la leche, los quesos, la mantequilla y los huevos. El sistema digestivo del hombre no es el de un carnívoro, y la carne, por su toxicidad, debería ser progresivamente retirada de la alimentación; cuanto más simple es la alimentación mejor es su asimilación y utilización por parte del organismo, tanto más cuanto que son principalmente los vegetales los que irradian las vibraciones esenciales para nuestro equilibrio orgánico.

Este libro no pretende imponer una escuela particular, sino simplemente la de la **naturaleza** a la cual conviene acercarse en el plano alimentario. Tampoco es su finalidad la de convertirle al vegetarianismo sino, simplemente, iniciarle, permitirle descubrir de forma práctica y por propia experiencia una **alimentación más sana que es además fácil, agradable y viva.**

Una alimentación vegetariana bien concebida y procedente de cultivos biológicos es, sin duda, **equilibrada y dietética** y le revelerá otros platos, alimentos nuevos, sabores diferentes, y otras formas de cocinar. Es todo un aprendizaje del cual obtendrá nuevas alegrías.

Las recetas de esta obra son simples, apetecibles y al alcance de todos y le permitirán dejar volar su imaginación y su placer por la buena comida. Este libro se convertirá muy pronto en un preciado recurso para el ama de casa preocupada por la salud de quienes la rodean.

MARTINE RIGAUDIER

Índice

Este índice incluye las 200 recetas descritas en este libro las cuales se encuentran clasificadas en tres partes: entrantes, platos principales y postres. En cada una de estas tres partes, se han desglosado por estaciones y en cada estación, por orden alfabético.
Las referencias envían a la estación y al día correspondientes. Ejemplo: P 19: Primavera - Día 19; I 7: Invierno - Día 7...

Entrantes

Primavera

Verano

Otoño

Invierno

Platos principales

Primavera

Verano

Otoño

Página			
108	Zanahorias de cabello de ángel	O	5
104	Setas a la bordelesa	O	3
124	Castañas a la campesina	O	16
103	Consomé de miso de cebada con crepes	O	2
114	Tortilla de nueces	O	9
125	Mazorcas de maíz a las finas hierbas	O	17
130	Escalopas de mijo	O	21
113	Copos de cereales en pudín	O	8
123	Verduras al estilo Ceres	O	16
107-108	Maíz gratinado	O	5
116	Nabos con cardamomo	O	11
131-132	Puerros con salsa de mejorana	O	22
115-116	Sopa con setas secas	O	10
117	Puré rosado al huevo	O	11
119	Puré Sant-Germain	O	13
131	Croquetas de soja a la alemana	O	21
136	Arroz completo con crema de coliflor	O	25
106	Espaguetis al pesto	O	4
136	Tarta de copos de cebada	O	25
122	Tarta de puerros	O	15
102	Crema de maíz	O	1

Invierno

Página			
152	Blinis	I	8
171	Albóndigas de trigo y azuquis	I	22
164	Conchas Parmentier	I	16
168	Tostadas de huevos a punto de nieve	I	19
176	Endivias flamencas	I	25
176	Trigo espelta con salsa Paulette	I	25
170	Tortas de avena con verduras	I	21
159	Gratinado de salsifí	I	13
174-175	Sémola de trigo sarraceno en albóndigas	I	24
165	Lentejas Saint-Martinoises	I	17
171	Mijo en caldo	I	21
151	Tortilla japonesa	I	7
163	Puerros a la crema de cacahuete	I	15
145	Polenta gratinada rellena	I	4
151-152	Pudín vegetal	I	8
142	Puré de calabaza con lentejas	I	1
169	Arroz gratinado a la crema	I	20
141	Arroz completo con verduras	I	1
167	Sojanelles en brioche	I	18
155-156	Sopa de cebolla gratinada	I	10
160	Sopa campesina con perejil	I	13
158-159	Tostadas florentinas	I	12
175	Crema de habas	I	24
144-145	Empanadillas de col	I	3

Postres

Primavera

Verano

Otoño

Invierno

Índice de materias

Introducción

Más de 10 000 ejemplares vendidos al año desde su aparición: jamás pensé que al escribir mi primera obra, *330 Recetas vegetarianas* (en la misma colección, Editorial Paidotribo), conseguiría semejante éxito con un tema tan específico y no puedo más que agradecer tanto a mi editor como a los lectores, la confianza que han depositado en mí.

Me he dado cuenta de que muchos de mis lectores no son vegetaria nos, son, simplemente, personas que buscan una cocina diferente, una **cocina nueva,** más sana, más equilibrada que respete los principios fundamentales de la dietética (de la misma manera que existen medicinas diferentes, blandas, alternativas...).

Así pues, me puse manos a la obra; este segundo libro sigue la misma línea que el primero (aunque es un poco menos estricto que aquél), es decir, proporcionar **recetas vegetarianas simples, apetitosas,** al alcance de todos, descubrir nuevos platos, alimentos de sabores distintos, otra forma de cocinar protegiendo la salud.

No obstante, esta vez he querido llegar un poco más lejos; en lugar de clasificar mis nuevas recetas según el método habitual (por categorías de platos), he querido, a fin de facilitar aún más la tarea de las amas de casa, incluir estas recetas en el marco de **menús constituidos** por **comidas completas**, es decir, entrante, plato principal y postre. Para cada uno de los menús propuestos, indico una nueva receta para uno de los tres platos, mientras que los otros dos hacen referencia, en la mayoría de los casos, a recetas descritas en mi anterior libro o bien a otras indicadas en este segundo volumen.

De esta forma, propongo **200 menús diferentes** y **200 nuevas recetas vegetarianas.** He escogido la clasificación más lógica, es decir, repartir menús y recetas en cuatro partes iguales cada una de las cuales se corresponde con **una de las cuatro estaciones del año.** Para cada estación, encontrará 50 menús tipo y 50 nuevas recetas clasificadas en 25 días.

¿Por qué he escogido esta clasificación por estaciones? Porque **es la forma más natural de** respetar la cronobiología y los ritmos de la vida del ser humano. Para todos es evidente que nuestro organismo no necesita el mismo tipo de alimentación en invierno que en verano, en primavera u otoño. De forma natural y espontánea, nos sentimos atraídos por una alimentación fresca en la temporada estival y por una comida más energética durante el invierno, basada en mayor medida en las legumbres y cereales.

Lo más natural es consumir champiñones y castañas en otoño y fresas y cerezas en junio. Sé positivamente que hoy en día podemos encontrar cualquier producto en cualquier época del año: fresas en Navidad y piñas en agosto, pero esa forma de consumo se aleja completamente de lo natural. Los vegetales deben ser consumidos en la estación que corresponde a su maduración, época en que, además, son mucho más provechosos para nuestro organismo.

Finalmente, me gustaría insistir sobre otro aspecto importante: la cocina vegetariana es todo lo contrario de una cocina sosa, triste e insípida... opinión que de ella tienen aquéllos que desconocen el vegetarianismo. La cocina vegetariana está llena de alegría, de innumerables colores y aromas y es de una gran diversidad y riqueza. **Es una auténtica fiesta** y también la invitación amigable a compartir el placer esencial de la vida, con la familia, entre amigos, en armonía y alegría.

La cocina vegetariana es la cocina del tercer milenio, del futuro, de una época –muy próxima afortunadamente– en la que el hombre, finalmente, habrá tomado conciencia de lo esencial y de lo pasajero, de lo absurdo de comer carne dada la contradicción que ello supone frente al principio fundamental de la supervivencia humana.

Consejos generales

- Respecto a las **proporciones** de los ingredientes indicados al principio de cada receta, las cantidades reflejadas **se refieren a 4 personas.**
- Las verduras, los cereales y las frutas deben provenir de **cultivos biológicos,** sin residuos de pesticidas de ningún tipo, sin restos de productos químicos de síntesis ni conservantes.
- La calidad de los alimentos utilizados es esencial para el buen sabor de los platos y también para la salud; escoja siempre **ingredientes naturales,** adquiridos, si es posible, en tiendas de productos naturales y dietéticos.
- La sal debe ser **sal marina** gris, sin refinar.
- El azúcar debe ser **azúcar de caña,** sin refinar, moreno.
- **El aceite** debe ser **virgen,** de primera prensa en frío, sin refinar y sin calentar.
- La harina debe ser **harina completa,** de tipo 65 u 80 para la pastelería y la cocina y de tipo 110 para el pan. Utilice sólo **harina biológica.**
- No utilice levadura química sino **el germen natural** elaborado por usted misma.
- No limpie las verduras poniéndolas en remojo, **lávelas** bajo el grifo antes de pelarlas.
- Limpie las frutas sólo con un paño; lávelas únicamente en caso de que estén muy sucias. Esta es la razón por la cual es fundamental utilizar solamente frutas procedentes de cultivos biológicos, **no tratadas.**
- Cocine las verduras y las frutas como un **estofado** utilizando la menor cantidad de agua posible para su cocción. Las cacerolas de acero inoxi-

dable permiten una excelente cocción con poca agua y también las cazuelas de barro sin barnizar. La cocción debe ser lenta a fin de no desnaturalizar los alimentos y permitir la conservación de todas sus propiedades.

- **Enjuagar los cereales** antes de la cocción.
- Cocer el trigo, la cebada, el arroz, el mijo y el trigo espelta en **agua fría** y el maíz, la sémola, el bulgur y la pasta en **agua caliente.**
- Utilice la licuadora y la batidora.
- Utilice preferentemente **utensilios de madera** (cucharas, espátulas...).
- Nunca cueza las salsas, utilícelas siempre crudas al final de la preparación: El sabor se conserva mucho mejor.
- **Nussa:** es una grasa vegetal compuesta por grasa de coco y puré de almendras y avellanas. Se utiliza **cruda** o bien disuelta en agua para la base de las tartas. Al contrario que la mantequilla, que además de ser un producto desequilibrado (parte de la grasa de la leche) es pesada y generadora de colesterol (una vez cocinada), el Nussa es de fácil digestión, posee un sabor agradable, aporta numerosas vitaminas y se utiliza tan fácilmente como aquélla.
- **Leche en polvo:** para los que no toleran bien la leche fresca, constituye una alternativa para preparar platos igual de sabrosos. Por otra parte, no es aconsejable, para los adultos, consumir leche fresca no cuajada. En general las leches en polvo son descremadas (0 % de materia grasa) lo cual permite digestiones sin problemas.
- **Cucharadas:** para el conjunto de las recetas, en las proporciones de ingredientes, entenderemos por cucharada, una cuchara sopera. Cuando me refiero a cucharadas de café la receta lo precisa indicando «cucharaditas».
- Normalmente utilizo algunas **especialidades dietéticas** tales como: Vitaquell, Plantamare, Herbamare, Nussa, Valdivia, Sojanelles, Plantarom, Soyavit, Soyalet, Dakatine, Kelpamare, Délica... Encontrará estas especia-

lidades u otras marcas equivalentes en todas las tiendas de productos dietéticos y naturales. No dude en consultar con el experto de la tienda.

- RECUERDE: **los ingredientes de todas las recetas están calculados para 4 personas.** ¡Los «pajaritos» absténganse y los glotones... aumenten la dosis!

Importante:

Los menús indicados al principio de cada comida (almuerzo o cena) conducen cada uno a 3 recetas: entrante, plato principal y postre.
Las recetas pueden describirse en 3 lugares diferentes:

- En el texto relativo al mismo día, a continuación del menú. En ese caso se indica: «ver más abajo».
- En otra página de la presente obra, tanto en los menús de la misma estación como en los de una estación diferente. En ese caso se indica: «ver primavera, día 4» o «ver otoño, día 16» o «ver invierno, día 11» o bien «ver verano, día 6».
- Finalmente, la receta puede haber sido extraída de la primera obra del mismo autor que pueden encontrar en la misma colección, Editorial Paidotribo. En ese caso, se indica: «ver *330 recetas vegetarianas*, pág. 128», o bien «ver *op. cit.*, pág. 128» cuando haya aparecido en más de una ocasión.

1 Menús y recetas de primavera

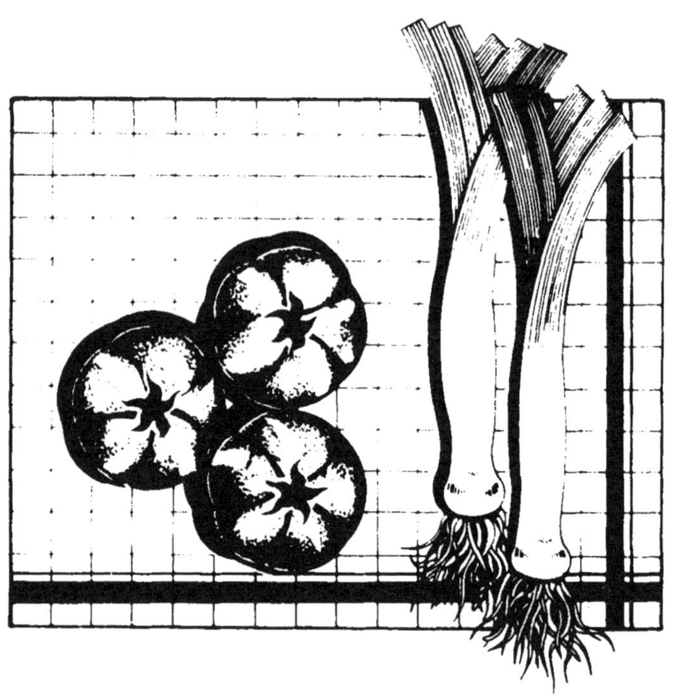

Primavera - Día 1

1. Comida

Menú:

- *Entrante:* ensalada de puerros a la antigua (ver *330 recetas vegetarianas,* pág. 29)
- *Plato principal:* gratinado de cebada (ver más abajo)
- *Postre:* pastel a las cerezas (ver *330 recetas vegetarianas,* pág. 134)

Gratinado de cebada

INGREDIENTES: 250 g de cebada perlada, 3 huevos, 2 cebollas, 2 cucharadas soperas de leche en polvo, 200 g de avellanas, 1 cucharadita de café de Plantamare, 1 pimiento, 100 g de queso comté (o gruyer).

PREPARACIÓN: cocer la cebada hasta que los granos estén bien tiernos. Escurrir, disponer en una bandeja para horno y cubrirla con el pimiento cortado a rodajas. Con una batidora, mezclar cuidadosamente la leche en polvo, los huevos, las cebollas, las avellanas y el Plantamare y verter el conjunto sobre la cebada cubierta con el pimiento. Dejar al horno durante 20 minutos. Cubrir con el queso comté rallado y hornear de nuevo unos 10 minutos. Servir caliente y decorado con las avellanas enteras.

2. Cena

Menú:
- *Entrante:* sopa mousse verde (ver *op. cit.*, p. 20)
- *Plato principal*: espárragos a la española (ver más abajo)
- *Postre:* mousse de peras (ver primavera, día 18)

Espárragos a la española

INGREDIENTES: 1 kg de espárragos trigueros, 3 huevos, 1 dl de leche, 1 dl de queso blanco, 100 g de queso comté, sal, pimienta rosa, macis, orégano, estragón fresco, salsa de tomate.

PREPARACIÓN: cocer los espárragos durante 20 minutos, evitando que las puntas entren en contacto con el agua. Durante este tiempo, preparar 4 pequeñas tortillas con la mezcla de leche, huevos, queso, sal y macis. Escurrir los espárragos, repartirlos en las cuatro tortillas y cubrirlas con el queso comté cortado en finas lonchas. Enrollar cada una de las tortillas manteniendo los espárragos y el queso en el centro. Disponer en una bandeja para gratinar e introducir en el horno durante 5 minutos hasta que el queso haya fundido.

Espolvorear con pimienta rosa, orégano y estragón fresco y servir con una salsa de tomate.

Primavera - Día 2

1. Comida

Menú:
- *Entrante:* diente de león a las finas hierbas (ver primavera, día 23)
- *Plato principal:* pulpetas de hojas de acelga (ver primavera, día 12)
- *Postre:* pastel de frutas rojas (ver en la otra página)

Pastel de frutas rojas

INGREDIENTES: 250 g de cerezas, 250 g de grosellas, 250 g de azúcar moreno, 100 g de harina, 150 g de Vitaquell, 300 g de muesli con frutas sin azúcar, helado de vainilla o nata montada.

PREPARACIÓN: mezclar bien las frutas junto con 150 g de azúcar y disponer el conjunto en un molde. En una ensaladera, mezclar el resto del azúcar, el muesli, la harina y el Vitaquell. Cubrir las frutas con esta mezcla, tapar el molde con una hoja de papel de aluminio, introducir en el horno durante 40 minutos a temperatura media y destapar en los últimos cinco minutos para que se dore la superficie. Servir el pastel tibio y acompañado con helado de vainilla o nata montada.

2. Cena

Menú:

- *Entrante:* fresas al natural
- *Plato principal:* polenta primaveral (ver más abajo)
- *Postre:* queso blanco con verduras

Polenta primaveral

INGREDIENTES: 250 g de sémola de maíz, 300 g de champiñones, 150 g de guisantes pelados, 2 cebollas nuevas, 6 tomates, 2 dientes de ajo, sal, perejil fresco, 2 cucharadas soperas de aceite de oliva.

PREPARACIÓN: llevar a ebullición 1,5 l de agua y verter en forma de lluvia la sémola de maíz. Cocer durante 5 minutos y dejar hinchar. Preparar una picada con los champiñones, el ajo, la cebolla y la sal. Cocer separadamente los guisantes y los tomates (con poca agua). Mezclar la polenta, la picada y los guisantes. Rociar con aceite de oliva y espolvorear con el perejil fresco. Disponer los tomates alrededor antes de servir.

Primavera - Día 3

1. Comida

Menú:

- *Entrante:* calabacines rallados en ensalada (ver primavera, día 9)
- *Plato principal:* mijo con verduras (ver más abajo)
- *Postre:* tarta especial de cerezas (ver primavera, día 15)

Mijo con verduras

INGREDIENTES: 250 g de mijo, 500 g de guisantes frescos pelados, 2 zanahorias nuevas, 1 rama de apio, 1 cebolla nueva, 2 tomates, 1 cucharadita de café de Plantamare, algunos granos de coriandro, aceite de oliva, Nussa.

PREPARACIÓN: cortar el apio, la cebolla y las zanahorias a dados. Triturar los tomates previamente pelados. Mezclar el conjunto con los guisantes y rehogar a fuego lento con el aceite durante 10 minutos removiendo con frecuencia. Añadir el mijo, el Plantamare, el coriandro y dejar a fuego lento durante 20 minutos. Servir caliente con el Nussa.

2. Cena

Menú:

- *Entrante:* ensalada suave Francia (ver más abajo)
- *Plato principal:* soufflé de guisantes (ver primavera, día 16)
- *Postre:* pastel de peras y albaricoques secos (ver *op. cit.*, pág. 136)

Ensalada suave Francia

INGREDIENTES: una buena lechuga, 2 patatas rojas, 1 limón, 1 rama de apio, 50 g de pistachos, 1 bol de mayonesa (ver *op. cit.*, pág. 177).

PREPARACIÓN: tapizar el fondo de una ensaladera con algunas hojas de lechuga grandes. Cortar el resto de la lechuga con unas tijeras y mezclarla con el apio cortado a rodajas y las patatas cortadas a dados. Rociar con zumo de limón y añadir un poco de mayonesa. Disponer los pistachos por encima y servir con el resto de la mayonesa.

Primavera - Día 4

1. Comida

Menú:

- *Entrante:* ensalada de aguacates con queso (ver primavera, día 19)
- *Plato principal:* curry de verduras y cereales (ver primavera, día 6)
- *Postre:* mousse de ruibarbo y pistachos (ver en la página siguiente)

Mousse de ruibarbo y pistachos

INGREDIENTES: 400 g de ruibarbo, 60 g de azúcar moreno, 20 cl de crema fresca, 10 pistachos, 1 cucharada sopera de jarabe de arce.

PREPARACIÓN: eliminar los hilos de ruibarbo, cortarlo a dados y cocerlo en un poco de agua. Triturar el ruibarbo cocido junto con el azúcar y los pistachos. Dejar enfriar. Batir la crema e incorporarla al ruibarbo. Servir en copas cubiertas con el jarabe de arce y decoradas con un pistacho.

2. Cena

Menú:

- *Entrante*: crema de coliflor (ver más abajo)
- *Plato principal:* quiche de brotes de espinacas (ver primavera, día 14)
- *Postre:* pastel a las cerezas (ver *op. cit.*, pág. 134)

Crema de coliflor

INGREDIENTES: 1 coliflor grande, 1 diente de ajo, 1 cubito de soja, 3 ramas de perejil, 1 vaso de leche, 2 vasos de agua, 1 cucharada de arruruz, 1 hoja de laurel, 50 g de queso comté rallado, sal, perejil fresco picado.

PREPARACIÓN: cocer la coliflor con el laurel y el cubito de soja. Al final de la cocción añadir las 3 ramas de perejil, la leche y los 2 vasos de agua. Retirar el laurel y triturar el conjunto con el arruruz a fin de obtener una consistencia cremosa. Verter la crema en una sopera, espolvorear con el queso comté rallado y decorar con el perejil fresco y una ramita de coliflor.

Primavera - Día 5

1. Comida

Menú:

- *Entrante:* ensalada de tomates (ver primavera, día 20)
- *Plato principal:* hinojos rellenos (ver más abajo)
- *Postre:* carlota de cerezas rojas (ver primavera, día 20)

Hinojos rellenos

INGREDIENTES: 4 bulbos de hinojo, 1 bol de arroz completo cocido, 2 huevos, 2 tomates, 1 pizca de curry, 1 pizca de cúrcuma, 1 pizca de alcaravea, sal, 80 g de queso de cabra seco rallado, 2 cebollas blancas, perejil, aceite de oliva.

PREPARACIÓN: cortar por la mitad los bulbos de hinojo en el sentido de la altura, lavarlos bajo el grifo durante algunos minutos y escurrirlos. Con la batidora, triturar los tomates junto con los huevos, las cebollas, las hierbas aromáticas y la sal. Mezclar el conjunto con el arroz completo cocido. Disponer las mitades de hinojo en una bandeja para gratinar, cubrirlas con la mezcla preparada y tapar con las demás mitades de hinojo. Poner al horno durante 30 minutos añadiendo el queso 5 minutos antes de finalizar la cocción. Servir rociado con un chorrito de aceite de oliva y espolvoreado con perejil o estragón fresco.

2. Cena

Menú:

- *Entrante:* escabeche de puerros nuevos (ver más abajo)
- *Plato principal:* consomé de arroz hinchado (ver primavera, día 21)
- *Postre:* tarta de Lieja (ver *op. cit.,* pág. 137)

Escabeche de puerros nuevos

INGREDIENTES: 1 kg de corazones de puerros nuevos, 1 cucharadita de café de coriandro en grano, 3 tallos de hinojo, 10 cl de aceite de oliva, 1 zumo de pomelo, 1 cucharadita de café de pimienta verde, estragón fresco.

PREPARACIÓN: en un poco de agua cocer los puerros a fuego lento, escurrirlos y conservar el agua de la cocción. Añadir al agua de los puerros las hiebas aromáticas, un vaso más de agua y dejar hervir durante 10 minutos. Verter el conjunto sobre los puerros añadiendo el zumo de pomelo. Dejar reposar un día y presentar con estragón fresco.

Primavera - Día 6

1. Comida

Menú:

- *Entrante:* ensalada final de primavera (ver primavera, día 8)
- *Plato principal:* curry de verduras y cereales (ver en la página. siguiente)
- *Postre:* tarta especial de cerezas (ver primavera, día 15)

Curry de verduras y cereales

INGREDIENTES: 1 kg de puerros, 1 kg de pimientos rojos, 4 cebollas, 2 buenas zanahorias, 1 caja de Sojanelles, 4 cucharadas soperas de aceite de girasol, 1 cucharada sopera de curry suave, 1 vaso de zumo de naranja, 2 dientes de ajo, 1 trozo de jengibre fresco, 1 bol de arroz cocido, 1 bol de mijo cocido, 1 bol de cuscús cocido, 1 bol de trigo sarraceno cocido, sal.

PREPARACIÓN: en una sartén rehogar con el aceite de girasol y a fuego lento todas las verduras cortadas, añadiendo el curry al final de la cocción. Añadir la sal, verter el zumo de naranja y un poco de agua. Dejar cocer a fuego lento y añadir el ajo y el jengibre picados, así como los Sojanelles cortados en trozos dejando cocer otros diez minutos a fuego lento. Servir muy caliente acompañado de los 4 cereales calientes. Poner curry y otros condimentos sobre la mesa. Si se desea, añadir zumo de naranja y azúcar en polvo.

2. Cena

Menú:

- *Entrante:* escabeche de puerros nuevos (ver primavera, día 5)
- *Plato principal:* gratinado delfinés (ver primavera, día 8)
- *Postre:* soufflé de cáscaras confitadas (ver más abajo)

Soufflé de cáscaras confitadas

INGREDIENTES: 1 naranja, 20 g de corteza de naranja confitada, 50 g de frutas confitadas variadas, 100 g de azúcar moreno, 12 pasas, 3 cucharadas soperas de confitura de grosella negra, 5 claras de huevo.

PREPARACIÓN: en una cacerola, fundir a fuego lento, la confitura, el zumo de una naranja, la corteza de naranja picada, la corteza de naranja confitada, las frutas confitadas y las pasas. Remover constantemente. Dejar enfriar y mientras tanto batir las claras a punto de nieve añadiendo el azúcar. Incorporar las frutas confitadas al merengue y verter la mezcla en un molde alto. Introducir al horno durante 30 minutos y servir inmediatamente.

Primavera - Día 7

1. Comida

Menú:

– *Entrante:* tortilla fría de pimientos morrones y tomates (ver más abajo)
– *Plato principal:* espaguetis a la albahaca (ver *op. cit.,* pág. 121)
– *Postre:* flan bohemio (ver *op. cit.,* pág.. 144)

Tortilla de fría pimientos morrones y tomates

INGREDIENTES: 4 pimientos rojos, tomates, 2 calabacines, 2 berenjenas, 2 cebollas grandes, 2 dientes de ajo, albahaca, menta, cebolleta, aceite de oliva, sal, 4 huevos, agua de vinagre, picatostes frotados con ajo.

PREPARACIÓN: asar los pimientos, pelarlos y cortarlos en rodajas de tamaño mediano. Cocer los tomates (pelados), las berenjenas y los calabacines junto con los pimientos como para un pisto. Picar en el mortero, el ajo, las cebollas y las hierbas frescas e incorporar la mezcla a las verduras, añadiendo la sal y el aceite de oliva. Mezclar bien y ponerlo en el refrigerador. En el momento de servir, escalfar los huevos en el agua de vinagre y disponerlos sobre las verduras frías. Servir con picatostes frotados con ajo.

2. Cena

Menú:

- *Entrante:* espárragos con salsa verde (ver más abajo)
- *Plato principal:* apios nabos rellenos (ver *op. cit.*, pág.94)
- *Postre:* pastel a las cerezas (ver *op. cit.*, pág. 134)

Espárragos con salsa verde

INGREDIENTES: 2 kg de espárragos trigueros, 3 yemas de huevo, 1 cucharada sopera de zumo de limón, 20 cl de aceite de sésamo, 4 ramitas de cebolleta, 4 ramitas de perejil, 4 ramitas de estragón, sal, 3 Petit-suisse, varias rodajas de zanahoria, hierbas aromáticas frescas.

PREPARACIÓN: cocer los espárragos verticalmente para no mojar las puntas. Dejarlos enfriar. Con la batidora mezclar cuidadosamente las yemas de huevo, las hierbas aromáticas frescas y el zumo de limón. Añadir la sal, el aceite y los Petit-suisse y mezclarlo todo bien. Presentar los espárragos en manojo y la salsa en una salsera. Decorar con las rodajas de zanahoria y las hierbas aromáticas frescas picadas.

Primavera - Día 8

1. Comida

Menú:

- *Entrante:* ensalada final de primavera (ver en la página siguiente)
- *Plato principal:* hinojos al roquefort (ver *op. cit.*, pág. 73)
- *Postre:* soufflé de los enamorados (ver *op. cit.*,p. 148)

Ensalada final de primavera

INGREDIENTES: 4 tomates, 1 cebolla violeta, 3 pimientos verdes, 6 cucharadas soperas de vinagre de sidra, 1 cucharada sopera de miel, 2 cucharadas soperas de aceite de oliva, sal, pimienta verde.
PREPARACIÓN: asar y pelar los pimientos. Escaldar y pelar los tomates. Disponer rodajas de tomates sobre una bandeja y cubrirlas con lonchas de pimiento y rodajas de cebolla. Salar y rociar con aceite. En una cacerola, llevar lentamente a ebullición el vinagre, la miel y la pimienta. Cubrir la ensalada con esta salsa agridulce.

2. Cena

Menú:

- *Entrante:* crema de lechuga (ver primavera, día 9)
- *Plato principal:* gratinado delfinés (ver más abajo)
- *Postre:* mousse de peras (ver primavera, día 18)

Gratinado delfinés

INGREDIENTES: 1 kg de patatas, 2 dientes de ajo pelados y triturados, sal, ½ l de leche, 1 queso blanco batido, crema de leche fresca.
PREPARACIÓN: cortar las patatas en rodajas finas y cocerlas en la leche durante 10 minutos. Dejar enfriar. Mezclar el queso blanco batido, la sal y el ajo picado. En una bandeja para gratinar disponer las rodajas de patatas con la leche de la cocción y cubrir con la salsa de queso. Introducir en el horno durante 40 minutos a fuego lento y servir caliente con un bol de crema de leche fresca.

Primavera - Día 9

1. Comida

Menú:

- *Entrante:* calabacines rallados en ensalada (ver más abajo)
- *Plato principal:* espinacas al tomate (ver *op. cit.*, pág. 72)
- *Postre:* arroz en corona de fresas (ver *op. cit.*, pág. 151)

Calabacines rallados en ensalada

INGREDIENTES: 1 kg de calabacines, 75 g de Nussa, 1 cucharada de sésamo, sal, curry, 1 lechuga.

PREPARACIÓN: rallar los calabacines crudos con un rallador como para zanahorias. Asarlos durante 5 minutos en una sartén, sin dejar de remover, con la sal, el sésamo y el curry. Disponer unas hojas de lechuga en una bandeja redonda y sobre ellas los calabacines rallados. Cubrir con pequeños trozos de Nussa.

2. Cena

Menú:

- *Entrante:* crema de lechuga (ver más abajo)
- *Plato principal:* arroz a las verduras (ver *op. cit.*, pág. 112)
- *Postre:* yogur natural

Crema de lechuga

INGREDIENTES: 1 buena lechuga, 2 patatas, sal, 1 cucharadita de café de Plantamare, 1 manojo de cebolletas, 20 g de Nussa.

PREPARACIÓN: en 1 litro de agua cocer conjuntamente, la lechuga cortada a trozos, las patatas a dados, la cebolleta picada y la sal. Añadir el Plantamare al final de la cocción y pasar por la batidora. Servir caliente con una nuez de Nussa y lechuga cortada muy fina para decorar.

Primavera - Día 10

1. Comida

Menú:

- *Entrante:* paté vegetal provenzal (ver *op. cit.*, pág. 50)
- *Plato principal:* mijo con tomates rellenos (ver más abajo)
- *Postre:* tarta de azúcar moreno (ver primavera, día 23)

Mijo con tomates rellenos

INGREDIENTES: 250 g de mijo, 4 tomates grandes, 100 g de queso para raclette, sal , 1 pizca de macis, 40 g de harina tipo 65, 25 dl de leche, 3 huevos, 1 bol de salsa sam (ver *op. cit.,* pág. 186).

PREPARACIÓN: desmochar los tomates y vaciar la mitad de su interior. Preparar una salsa bechamel con la harina, la leche, las yemas de huevo, el queso rallado, la sal y el macis y dejarla enfriar. Batir las claras de huevo a punto de nieve y mezclarlas cuidadosamente con la salsa hasta conseguir una crema bien homogénea. Rellenar los tomates con esta preparación e introducir al horno durante 20 minutos. Colocar las tapaderas de los tomates 5 minutos antes de finalizar la cocción. Durante este tiempo, preparar el mijo, colocarlo en una bandeja y cubrirlo con la salsa sam, después disponer los tomates rellenos encima.

2. Cena

Menú:

- *Entrante:* sopa casera (ver más abajo)
- *Plato principal:* soufflé de guisantes (ver primavera, día 16)
- *Postre:* pastel de coco (ver *op. cit.*, pág. 140)

Sopa casera

INGREDIENTES: 4 patatas nuevas, 500 g de espinacas, 1 cucharadita de café de Plantamare, 1 vaso de leche, agua, 2 huevos, sal.

PREPARACIÓN: cocer las patatas y las espinacas en 1 litro de agua con el Plantamare. Reducir a puré. Batir las claras de huevo a punto de nieve y preparar nubes vertiendo cucharadas sobre agua hirviendo. Mezclar las yemas de huevo y la leche y verter la mezcla en el puré. Disponer las nubes de clara de huevo por encima. Servir caliente.

Primavera - Día 11

1. Comida

Menú:

- *Entrante:* ensalada a la americana (ver en la página siguiente)
- *Plato principal:* croquetas de trigo sarraceno (ver *op. cit.*, pág. 114)
- *Postre:* tarta de Lieja (ver *op. cit.*, pág. 137)

Ensalada a la americana

INGREDIENTES: 200 g de apio, 1 mango, 2 kiwis, 2 manzanas, el zumo de 1 limón, 60 g de roquefort, 1 pizca de jengibre, 1 pizca de cardamomo, 3 yogures, sal, pimienta rosa.

PREPARACIÓN: cortar el apio a pequeños trozos, el mango y los kiwis a rodajas y las manzanas a tiras. Disponerlo todo en una bandeja añadiendo el zumo de limón. Con la batidora, mezclar bien los yogures, la sal, la pimienta, las hierbas aromáticas y verter esta salsa sobre las frutas. Añadir el roquefort machacado con un tenedor. Mezclar cuidadosamente e introducir en el refrigerador. Servir frío en copas individuales decoradas con una hoja de apio.

2. Cena

Menú:

- *Entrante:* mousse de rábanos rojos (ver más abajo)
- *Plato principal:* pimientos morrones asados (ver *op. cit.*, pág. 76)
- *Postre:* flan de cerezas y almendras (ver *op. cit.*, pág. 144)

Mousse de rábanos rojos

INGREDIENTES: 1 manojo de rábanos, 100 g de nata líquida fresca, 1 cucharadita de café de mostaza con puntas de ortiga, 1 pizca de rábano blanco, 4 granos de pimienta verde, 8 hojas de berro, tostadas de pan de centeno.

PREPARACIÓN: en la batidora, mezclar la totalidad de los ingredientes –incluidos los rábanos– y después batir enérgicamente hasta conseguir la consistencia de mousse. Servir muy frío con un rábano como decoración y acompañado de tostadas de pan de centeno.

Primavera - Día 12

1. Comida

Menú:
- *Entrante:* requesón polaco (ver *op. cit.*, pág. 126)
- *Plato principal:* pulpetas de hojas de acelga (ver más abajo)
- *Postre:* piña de las montañas (ver *op. cit.*, pág. 131)

Pulpetas de hojas de acelga

INGREDIENTES: 12 hojas grandes de acelga, 200 g de bulgur cocido, 2 chalotes, 2 dientes de ajo, 1 huevo, 2 cucharadas soperas de perejil picado, 50 g de queso comté rallado, 1 cucharadita de café de tapenade, 1 pizca de curry, salsa de eneldo.

PREPARACIÓN: mezclar el ajo, el chalote y el perejil picados, el huevo batido, el queso comté rallado, la tapenade y el curry. Verter sobre el bulgur cocido y mezclar bien. Hervir las acelgas durante 2 minutos y secarlas con un paño. Disponer las hojas en doble capa (una hoja encima de otra) sobre una bandeja, cubrir con el relleno y enrollar en forma de pulpetas. Introducir al horno durante 20 minutos rociando, de cuando en cuando, con un poco de agua. Servir caliente con una salsa al eneldo (ver *op. cit.*, pág. 182).

2. Cena

Menú:
- *Entrante:* lechuga dulzura (ver *op. cit.*, pág. 29)
- *Plato principal:* empanadilla al arroz integral (ver *op. cit.*, pág. 111)
- *Postre:* crema de cerezas (ver en la página siguiente)

Crema de cerezas

INGREDIENTES: 2 barras de agar-agar, 2 cucharadas soperas de azúcar moreno, 1 l de zumo de maracuyá, 1 zumo de naranja, ½ l de nata líquida fresca, 12 cerezas, 2 cucharadas soperas de avellanas picadas.

PREPARACIÓN: mezclar todos los zumos de fruta con el azúcar y el agar-agar fundido previamente en un poco de agua. Dejar enfriar en el refrigerador. Cuando el líquido se haya vuelto gelatinoso, añadir la nata batida. Mezclar añadiendo las nueces picadas y repartir en las copas decoradas con las cerezas. Servir frío decorando con las hojas del cerezo.

Primavera - Día 13

1. Comida

Menú:

- *Entrante:* ensalada de aguacates con queso (ver primavera, día 19)
- *Plato principal:* mijo a la avellana (ver *op. cit.*, pág. 104)
- *Postre:* pastel de cerezas al estilo alemán (ver más abajo)

Pastel de cerezas al estilo alemán

INGREDIENTES: 750 g de cerezas bien rojas, 80 g de uvas pasas, ½ l de leche, 300 g de pan completo duro, 150 g de azúcar moreno, la corteza de un limón, 5 huevos, 50 g de pistachos picados, 80 g de grasa vegetal, harina.

PREPARACIÓN: cortar el pan en rodajas muy finas, rociarlo con la leche y dejarlo en remojo durante 30 minutos. Deshuesar las cerezas y espolvorearlas con un poco de azúcar y harina. Batir las yemas de huevo, el azúcar y la grasa vegetal hasta que la mezcla adquiera un tono blanquecino. Añadir entonces la cáscara de limón rallada muy fina y los pistachos picados. Mezclar con el pan empapado de leche y las cerezas e incorporar con cuidado las claras de huevo a punto de nieve. Introducir al horno durante 40 minutos a fuego lento. Servir frío o tibio.

2. Cena

Menú:

- *Entrante:* cesta de frutas frescas
- *Plato principal:* remolacha vienesa (ver más abajo)
- *Postre:* soufflé a las avellanas (ver *op. cit.*, pág. 149)

Remolacha vienesa

INGREDIENTES: 450 g de remolacha cocida, 2 cucharaditas de café de alcaravea molida, 1 cucharada sopera de gomasio, 2 yogures, sal.

PREPARACIÓN: calentar en un poco de agua la remolacha cortada a dados con la alcaravea. Salar y añadir los yogures batidos. Servir tras haber espolvoreado con gomasio.

Primavera - Día 14

1. Comida

Menú:

- *Entrante:* diente de león a las finas hierbas (ver primavera, día 23)
- *Plato principal:* ñoquis del sur (ver más abajo)
- *Postre:* pastel de frutas rojas (ver primavera, día 2)

Ñoquis del sur

INGREDIENTES: 500 g de harina tipo 80, 1 pizca de azafrán, sal, agua. *Salsa:* 1 kg de tomates, 3 dientes de ajo, 4 cucharadas soperas de aceite de oliva, 2 ramitas de albahaca fresca, 2 ramitas de perejil, 100 de queso de oveja rallado, sal.

PREPARACIÓN: disponer la harina en un recipiente con la sal y el azafrán. Verter progresivamente el agua mezclando bien hasta conseguir la consistencia de una pasta para amasar y formar pequeños cilindros de 5 cm de longitud. Dejar secar y después introducirlos en agua salada hirviendo. Cuando suban a la superficie significará que están cocidos. Mezclar todos los ingredientes de la salsa con la batidora y cubrir los ñoquis dispuestos sobre una bandeja. Servir espolvoreados con el queso de cabra rallado.

2. Cena

Menú:

- *Entrante:* escarola roja a los quesos (ver *op. cit.*, pág. 26)
- *Plato principal:* quiche de brotes de espinacas (ver en la página siguiente)
- *Postre:* carlota de cerezas rojas (ver primavera, día 20)

Quiche de brotes de espinacas

INGREDIENTES: 200 g de masa para tarta quebrada (ver *op. cit.*, pág. 169), 5 chalotes, 600 g de espinacas, 3 huevos, 1 pizca de curry, sal, 2 vasos de leche, 1 cucharada sopera de harina tipo 65.

PREPARACIÓN: reducir la masa de tarta y cubrir un molde de quiche de 30 cm. Introducir la masa sola en el horno durante 10 minutos. Cortar las espinacas a tiras y rehogarlas en una sartén durante 5 minutos removiendo constantemente. Añadir los chalotes picados y cubrir la quiche. Con la batidora, mezclar los huevos, la harina, la leche, la sal y el curry y verter la mezcla sobre la quiche. Introducir al horno durante 25 minutos. Servir caliente decorada con hojas de espinacas picadas.

Primavera - Día 15

1. Comida

Menú:

- *Entrada:* ensalada de espinacas (ver *op. cit.*, pág. 128)
- *Plato principal:* guisantes con trigo sarraceno (ver en la página siguiente)
- *Postre:* pastel de cerezas al estilo alemán (ver primavera, día 13)

Guisantes con trigo sarraceno

INGREDIENTES: 1 kg de guisantes, 6 cebollas pequeñas blancas, 1 cogollo de lechuga, 1 ramita de menta, 4 huevos, 6 cebollas verdes, 200 g de trigo sarraceno, 2 cucharadas de aceite de oliva, sal, menta fresca.

PREPARACIÓN: cocer los guisantes en poca agua con las cebollas blancas y las verdes cortadas a tiras y el cogollo de lechuga. Los guisantes y las lechugas deben quedar crujientes. Cocer el trigo sarraceno, repartirlo en 4 boles y disponer encima una yema de huevo crudo. Presentar los guisantes en una bandeja y rociados con el aceite y la menta fresca picada. Servir con el trigo sarraceno.

2. Cena

Menú:

- *Entrante:* espárragos con salsa verde (ver primavera, día 7)
- *Plato principal:* flan de apio (ver primavera, día 17)
- *Postre:* tarta especial de cerezas (ver más abajo)

Tarta especial de cerezas

INGREDIENTES: 250 g de masa para tarta quebrada (ver *op. cit.*, pág. 169), 500 g de cerezas Burlat, 2 cucharadas soperas de jalea de grosellas, 4 claras de huevo, 4 cucharadas soperas de azúcar moreno en polvo, 1 pizca de vainilla.

PREPARACIÓN: disponer la pasta quebrada sobre un molde, picarla con el tenedor, cubrirla de habichuelas y hornear durante 15 minutos. Deshuesar las cerezas y espolvorearlas con azúcar.

Montar un merengue con las claras de huevo y el azúcar. Disponer el merengue sobre el fondo de la pasta fría habiendo retirado antes las habichuelas que han servido para la cocción. Batir la jalea de grosellas con la vainilla y verter sobre el merengue. Disponer las cerezas por encima. Introducir al horno durante 40 minutos y a temperatura muy baja. El merengue debe endurecerse pero sin llegar a amarillear y las cerezas deben permanecer jugosas.

Primavera - Día 16

1. Comida

Menú:

- *Entrante:* ensalada fantasía (ver primavera, día 19)
- *Plato principal:* verduras rellenas a la provenzal (ver más abajo)
- *Postre:* carlota de cerezas rojas (ver primavera, día 20)

Verduras rellenas a la provenzal

INGREDIENTES: 4 nabos grandes, 2 cebollas grandes, 4 calabacines, 150 g de brotes de soja, 3 dientes de ajo, 5 ramitas de perejil, 1 bote de puré de albahaca, 1 chalote, 50 g de queso comté, 3 cucharadas soperas de levadura malteada, sal.

PREPARACIÓN: desmochar los nabos y las cebollas, cortar los calabacines en dos a lo largo, después, blanquear todas estas verduras durante algunos minutos en agua salada, escurrirlas y vaciarlas. Mezclar la carne de las cebollas, los nabos y los calabacines en una ensaladera con la soja picada, el puré de albahaca, la sal, el ajo y el chalote machacados. Dejar macerar durante 30 minutos. Disponer las 3 verduras en una bandeja para gratinar y rellenarlas con la preparación precedente. Introducir al horno durante 20 minutos. Mezclar el queso comté, el perejil y la levadura para recubrir las verduras rellenas antes de servir.

2. Cena

Menú:

- *Entrante:* mousse de rábanos rojos (ver primavera, día 11)
- *Plato principal:* soufflé de guisantes (ver más abajo)
- *Postre:* pastel de sémola a las uvas (ver *op. cit.,* pág. 142)

Soufflé de guisantes

INGREDIENTES: 400 g de guisantes frescos, 50 cl de leche, 3 huevos, 1 clara de huevo, 2 cucharadas soperas de harina tipo 80, sal, macis, pimienta rosa, 80 g de queso comté rallado, 50 g de Vitaquell.

PREPARACIÓN: cocer los guisantes y escurrirlos. Preparar una salsa con la harina y el Vitaquell, añadir la leche caliente y batir para después cocer durante 10 minutos sin dejar de remover. Retirar del fuego, salar, pimentar y añadir el macis y las yemas de huevo. Verter la mezcla sobre los guisantes añadiendo el queso comté rallado. Mezclar bien e incorporar la clara de huevo a punto de nieve. Introducir al horno durante 35 minutos en un molde alto. Servir caliente.

Primavera - Día 17

1. Comida

Menú:

- *Entrante:* ensalada de tomates (ver primavera, día 20)
- *Plato principal:* panaché de judías (ver en la página siguiente)
- *Postre:* tarta de azúcar moreno (ver primavera, día 23)

Panaché de judías

INGREDIENTES: 600 g de judías verdes finas, 300 g de habichuelas, 300 g de judías verdes perona, 1 cebolla blanca, 4 champiñones, 200 g de polenta, 3 tomates, 1 ramita de ajedrea, perejil, cebolleta, sal, 1 cucharada sopera de aceite de oliva.

PREPARACIÓN: cocer la polenta, después añadir el aceite y dejar que se hinche. Dividir la polenta en cuatro partes iguales y mantenerla caliente. Cocer las judías conjuntamente, al vapor o con poca agua. Presentar las porciones de polenta sobre una bandeja de servicio con las judías alrededor. Recubrir el conjunto con las ramas de ajedrea y plantar un champiñón sobre cada porción de polenta. Con la batidora, preparar una salsa con los tomates pelados, la cebolleta y la sal. Presentar esta salsa aparte y fría. Antes de servir, espolvorear el panaché con perejil picado.

2. Cena

Menú:

- *Entrante:* rábanos rojos a la crema de queso (ver primavera, día 24)
- *Plato principal:* flan de apio (ver más abajo)
- *Postre:* pastel de plátanos (ver *op. cit.*, pág. 139)

Flan de apio

INGREDIENTES: 750 g de apio, 3 huevos, 3 patatas en puré, 4 cucharadas soperas de leche en polvo con 0 % de materia grasa, sal, pimienta, nuez moscada, 100 g de champiñones, 1 cucharada sopera de harina, 50 g de queso cantal.

PREPARACIÓN: cocer el apio, reducirlo a puré y mezclarlo con el puré de patatas. Batir los huevos, la harina, la sal, la pimienta, la leche en polvo y la nuez moscada e incorporar esta mezcla al puré. Verter en un molde alto y cocer al baño María durante 35 minutos. 10 minutos antes de finalizar la cocción recubrir con los champiñones cortados a rodajas y el queso cantal rallado. Servir este flan muy caliente, decorado con las hojas verdes del apio.

Primavera - Día 18

1. Comida

Menú:

- *Entrante:* crema de tomate (ver más abajo)
- *Plato principal:* soufflé de maíz (ver *op. cit.*, pág. 102)
- *Postre:* flan a las cerezas (ver *op. cit.*, pág. 143)

Crema de tomate

INGREDIENTES: 400 g de zanahorias, 400 g de tomates, 2 cebollas blancas, 1 diente de ajo, 1 vaso de leche de soja sin azúcar, sal, pimienta rosa, 1 cucharadita de café de Kelpamare, 1 l de agua.

PREPARACIÓN: cocer en poca agua las zanahorias y las cebollas cortadas a rodajas. Añadir 1 l de agua, el ajo y el Kelpamare y llevar a ebullición. Añadir los tomates crudos pelados, triturar y batir con la leche de soja y la sal. Servir en boles individuales con una vuelta de molinillo de pimienta por encima y una mata de hojas de zanahoria.

2. Cena

Menú:

- *Entrante:* cesta de frutas frescas
- *Plato principal:* brazuelo de copos de mijo
- *Postre:* mousse de peras (ver más abajo)

Mousse de peras

INGREDIENTES: 2 peras, 1 barra de agar-agar, 1 vaso de zumo de pera, 1 cucharada de miel, 1 trozo de jengibre confitado, 15 cl de nata líquida, 1 zumo de limón.

PREPARACIÓN: pelar las peras y rociarlas con el zumo de limón. Fundir el agar-agar en un vaso de agua. Con la batidora, mezclar las peras, el agar-agar fundido, la miel, el zumo de pera y el jengibre. Añadir la nata montada y mezclar bien. Disponer en copas y enfriar en el refrigerador durante 3 horas. Decorar con una fruta roja.

Primavera - Día 19

1. Comida

Menú:

- *Entrante:* ensalada de aguacates con queso (ver más abajo)
- *Plato principal:* pimientos rellenos mimosa
- *Postre:* soufflé a las avellanas

Ensalada de aguacates con queso

INGREDIENTES: 3 aguacates, 1 zumo de limón, 1 queso pequeño de cabra, 1 trozo de queso griego feta, 1 loncha de queso cantal, 1 loncha de queso de Saboya, 1 lechuga, menta, estragón, tostadas calientes. *Salsa:* aceite de oliva, 1 cucha-rada de nata líquida, 1 diente de ajo, 1 ramita de menta, 1 ramita de estragón.

PREPARACIÓN: cortar la lechuga a tiras, disponerla sobre una bandeja y cubrirla con una corona de rodajas de aguacate rociados con zumo de limón. Cortar groseramente los diferentes quesos y disponerlos en el centro de la corona decorando con la menta y el estragón. Mezclar bien todos los ingredientes de la salsa con ayuda de una batidora y servirla junto a la ensalada con tostadas calientes.

2. Cena

Menú:

- *Entrante:* ensalada fantasía (ver más abajo)
- *Plato principal:* guisantes a la francesa (ver *op. cit.*, pág. 75)
- *Postre:* mousse a los melocotones (ver *op. cit.*, pág. 145). Sustituir los melocotones por cerezas.

Ensalada fantasía

INGREDIENTES: ¼ de pepino, un manojo de berros, 1 manojo de rábanos con un buen ramillete de hojas, 1 lechuga pequeña, ½ manojo de cebolletas, ½ manojo de cebollas tiernas, 3 hojas de espinacas, 1 zumo de limón, 2 cucharadas soperas de aceite de sésamo, 1 queso blanco bien escurrido, 3 avellanas, sal.

PREPARACIÓN: en una ensaladera, mezclar el manojo de rábanos, las hojas de espinacas cortadas a lonchas, las cebollas tiernas y las cebolletas, el berro, las hojas de lechuga y el pepino a rodajas. Con ayuda de la batidora, mezclar los rábanos, el queso blanco, el aceite, la sal, el zumo de limón y las avellanas. Verter esta salsa sobre la ensalada y servir a continuación.

Primavera - Día 20

1. Comida

Menú:

- *Entrante:* ensalada de tomates (ver más abajo)
- *Plato principal:* ñoquis del sur (ver primavera, día 14)
- *Postre:* pastel Juliette (ver otoño, día 24)

Ensalada de tomates

INGREDIENTES: 4 buenos tomates bien fuertes, 1 cebolla grande violeta. *Salsa:* 2 yogures desnatados, 1 diente de ajo, 2 ramitas de albahaca fresca, 2 rodajas de pepino, 1 diente de cardamomo, sal.

PREPARACIÓN: disponer los tomates cortados a rodajas en una bandeja y recubrir con las rodajas de cebolla. Mezclar todos los ingredientes de la salsa con la ayuda de una batidora. Enfriar la salsa en el refrigerador durante 15 minutos y cubrir la ensalada justo antes de servir.

2. Cena

Menú:

- *Entrante:* lechuga dulzura (ver *op. cit.*, pág. 29)
- *Plato principal:* berenjenas asadas (ver *op. cit.*, pág. 59)
- *Postre:* carlota de cerezas rojas (ver en la página siguiente)

Carlota de cerezas rojas

INGREDIENTES: 500 g de cerezas, 100 g de azúcar, ¼ l de crema pastelera, 125 g de galletas de soletilla, 1 barra de agar-agar.

PREPARACIÓN: deshuesar las cerezas, espolvorearlas con azúcar y ponerlas en el refrigerador. Preparar la crema pastelera y añadirle el agar-agar. Tapizar un molde de carlota con las galletas de soletilla bien juntas. Verter la crema y después las cerezas. Disponer una segunda capa de galletas bien juntas a fin de evitar que la crema traspase la capa. Introducir en el refrigerador con una tapadera. En el momento de servir, dar la vuelta a la carlota sobre una bandeja; se separará del molde con facilidad.

Primavera - Día 21

1. Comida

Menú:

- *Entrante:* canapés con puntas de espárragos (ver más abajo)
- *Plato principal:* quiche de cereales (ver *op. cit.*, pág. 116)
- *Postre:* pastel de coco (ver *op. cit.*, pág. 140)

Canapés con puntas de espárragos

INGREDIENTES: 12 rebanadas de pan de centeno, 100 g de queso de raclette, 150 g de puntas de espárragos, 2 cucharadas soperas de perejil picado, 1 diente de ajo.

PREPARACIÓN: tostar ligeramente las rebanadas de pan y frotarlas después con ajo. Disponer sobre el pan las puntas de espárragos previamente cocidas y escurridas. Recubrir con queso rallado. Introducir los canapés al horno *(grill)* hasta que el queso haya fundido. Servir espolvoreado con perejil picado.

2. Cena

Menú:

- *Entrante:* cesta de frutas
- *Plato principal:* consomé de arroz hinchado (ver más abajo)
- *Postre:* carlota de cerezas rojas (ver primavera, día 20)

Consomé de arroz hinchado

INGREDIENTES: 4 cucharadas soperas colmadas de arroz hinchado sin azúcar, 1 bolsita de mugimiso y Plantamare, 1 zanahoria, 1 nabo, 1 l de agua.

PREPARACIÓN: llevar a ebullición en 1 l de agua, la zanahoria y el nabo rallados junto con el mugimiso y el Plantamare. Hervir durante 5 minutos y verter en 4 boles en los cuales se habrá puesto antes el arroz hinchado.

Primavera - Día 22

1. Comida

Menú:

- *Entrante:* rábanos rojos a la crema de queso (ver primavera, día 24)
- *Plato principal:* calabacines rellenos Danubio (ver en la página siguiente)
- *Postre:* bizcocho de avellanas (ver verano, día 10)

Calabacines rellenos Danubio

INGREDIENTES: 1 kg de calabacines pequeños, 3 cucharadas soperas de mijo cocido, 6 ramitas de cebolleta, 4 chalotes, 2 huevos, 2 cucharadas de leche en polvo, 1 pizca de sal, 80 g de queso cantal rallado, 3 yogures, 2 cucharadas de azúcar, 2 pizcas de páprika.

PREPARACIÓN: cocer los calabacines enteros durante 10 minutos, en agua salada y a fuego lento. A continuación, cortarlos a lo largo en dos mitades y disponerlas en una bandeja para horno bien unidas entre sí. Preparar un relleno mezclando en una ensaladera el mijo cocido, los huevos, la leche en polvo, la sal y los chalotes picados. Cubrir los calabacines con esta mezcla y espolvorear con queso cantal rallado. Introducir al horno durante 20 minutos y a continuación espolvorear con la cebolleta picada. Servir caliente acompañado de una salsa hecha mezclando los yogures, el azúcar y la páprika.

2. Cena

Menú:

- *Entrante:* leche al pepino (ver *op. cit.,* pág. 164)
- *Plato principal:* empanadillas argentinas (ver más abajo)
- *Postre:* pastel del Nilo (ver otoño, día 4)

Empanadillas argentinas

INGREDIENTES: para la *masa:* 200 g de harina tipo 85, 200 g de Vitaquell, 1 cucharada sopera de uvas pasas. Para el *relleno:* 2 cebollas, 150 g de champiñones, 2 cucharadas soperas de uvas pasas, 1 cucharadita de café de páprika, 1 cucharadita de café de comino molido, sal, pimienta verde molida, 2 cucharadas soperas de Soyavit.

PREPARACIÓN: picar muy finas las cebollas y los champiñones y rehogarlos en una cacerola hasta que pierdan el agua. Añadir las uvas pasas, todas las hierbas aromáticas y el Soyavit. Dejar crecer durante 1 hora. Preparar las empanadilla mezclando en un recipiente la harina, la sal, el Vitaquell y 3 cucharadas soperas de agua caliente. Trabajar bien la masa y después reducirla a 3 mm de espesor y cortarla en círculos de 15 cm de diámetro. Cubrir sólo medio círculo con el relleno, humedecer los bordes de la masa y recubrir la mitad de pasta con relleno con la otra mitad vacía. Unir los bordes con ayuda de un tenedor. Disponer las empanadillas en una bandeja e introducir en el horno durante 15 minutos. Servir caliente.

Primavera - Día 23

1. Comida

Menú:

- *Entrante:* lonchas de pepino tamara blanco (ver verano, día 9)
- *Plato principal:* cebada a las almendras (ver *op. cit.*, pág. 107)
- *Postre:* tarta de azúcar moreno (ver más abajo)

Tarta de azúcar moreno

INGREDIENTES: para la *masa*: 250 g de harina tipo 65, 90 g de Vitaquell, sal, 1 bolsita de levadura biológica, 1 cucharada sopera de azúcar moreno en polvo, 1 huevo, 1 dl de leche. Para el *relleno:* 300 g de azúcar moreno en polvo, 1 huevo, 1 cucharada sopera de leche, 50 g de Vitaquell, 100 g de avellanas.

PREPARACIÓN: tomar un poco de harina e incorporar la levadura y un poco de leche tibia; esta preparación constituye un germen que deberemos dejar reposar durante 10 minutos. A continuación mezclar este germen con el resto de la harina, el resto de la leche, la sal y el azúcar. Trabajar bien esta masa y dejarla reposar en forma de bola y en caliente durante una hora. Reducir la masa y cubrir con ella un molde para tarta, dejando reposar otros 15 minutos. Batir la leche, el azúcar y el huevo del relleno con la ayuda de una batidora. Verter la preparación sobre la masa, añadir el Vitaquell y las avellanas e introducir al horno caliente durante 20 minutos.

2. Cena

Menú:

- *Entrante:* diente de león a las finas hierbas (ver más abajo)
- *Plato principal:* calabacines rellenos Danubio (ver primavera, día 22)
- *Postre:* crema de cerezas (ver primavera, día 12)

Diente de león a las finas hierbas

INGREDIENTES: 250 g de diente de león, 3 cebollas pequeñas nuevas, algunas ramitas de perejil, albahaca y cebolleta, 2 yemas de huevo duro, 5 cucharadas soperas de aceite de oliva, 1 zumo de limón, sal, Herbamare.

PREPARACIÓN: disponer los dientes de león en una ensaladera y cubrirlos con las rodajas de cebolla. Incorporar las yemas de huevos chafadas con el tenedor. Con la ayuda de la batidora preparar la salsa con el aceite, el zumo de limón, la sal, las hierbas aromáticas y una pizca de Herbamare. Verter la salsa sobre los dientes de león y servir inmediatamente.

Primavera - Día 24

1. Comida

Menú:

- *Entrante:* rábanos rojos a la crema de queso (ver más abajo)
- *Plato principal:* tabboula (ver *op. cit.*, pág. 116)
- *Postre:* carlota de cerezas rojas (ver primavera, día 20)

Rábanos rojos a la crema de queso

INGREDIENTES: 1 manojo de rábanos rojos, 4 cebollas nuevas, 50 g de roquefort, 1 queso blanco batido, 50 g de nata líquida, 1 zumo de limón, 1 cucharada sopera de vinagre de sidra, 1 cucharadita de café de miel, sal, pimienta rosa, curry.

PREPARACIÓN: disponer los rábanos en una bandeja redonda con las cebollas cortadas a rodajas y recubrir con la salsa preparada con la batidora con todos los ingredientes mezclados cuidadosamente. Decorar con las hojas de rábano y servir con pan de sésamo.

2. Cena

Menú:

- *Entrante:* espárragos con salsa verde (ver primavera, día 7)
- *Plato principal:* soufflé de guisantes (ver primavera, día 16)
- *Postre:* pastel rápido(ver más abajo)

Pastel rápido

INGREDIENTES: 200 g de harina tipo 65, 150 g de azúcar moreno, 3 huevos, ½ cucharadita de café de vainilla en polvo, 1 dl de leche cruda, 1 dl de aceite de girasol, ⅓ de bolsita de levadura biológica, puré de frutas rojas o crema inglesa.

PREPARACIÓN: mezclar todos los ingredientes en un recipiente y batir durante 5 minutos. Verter la masa en una cacerola, taparla e introducir al horno a temperatura media. Verificar la cocción con la punta de un cuchillo. Vaciar del molde y servir con un puré de frutas rojas o una crema inglesa.

Primavera - Día 25

1. Comida

Menú:

- *Entrante:* ensalada de tomates (ver primavera, día 20)
- *Plato principal:* bróculis *made in USA* (ver más abajo)
- *Postre:* rodete de fresas

Bróculis *made in USA*

INGREDIENTES: 1 kg de bróculi, 1 huevo duro, 150 g de mijo, 1 yogur, 6 ramitas de cebolleta, 1 cucharada sopera de Dakatine, sal, 4 cucharadas soperas de aceite de cacahuete, perejil, perifollo, estragón.

PREPARACIÓN: cocer separadamente el brócoli y el mijo. En una bandeja redonda disponer el bróculi en el centro y el mijo a su alrededor. Cubrir con la salsa preparada con la ayuda de la batidora con todos los ingredientes cuidadosamente mezclados. Servir caliente.

2. Cena

Menú:

- *Entrante:* queso batido a las frutas (ver *op. cit.,* pág. 127)
- *Plato principal:* judías verdes a la campesina (ver en la página siguiente)
- *Postre:* flan de cerezas y almendras (ver *op. cit.,* pág. 144)

Judías verdes a la campesina

INGREDIENTES: 500 g de judías verdes finas, 1 cebolla, 1 diente de ajo, 4 cucharadas soperas de aceite de soja, 2 cucharadas soperas de vinagre de sidra, 150 g de queso de cabra semiseco, 100 g de cebada, 2 cucharadas soperas de albahaca fresca picada, algunas aceitunas negras.

PREPARACIÓN: cocer separadamente la cebada y las judías verdes y dejarlas enfriar. Picar muy fino el ajo y la cebolla, añadir un vaso del agua de cocción de las judías verdes, el queso rallado, el aceite y el vinagre. Mezclar con fuerza esta salsa en una ensaladera y añadir la cebada y las judías verdes. Esperar 20 minutos. En el momento de servir, recubrir con la albahaca fresca picada y decorar con las aceitunas negras.

2 Menús y recetas de verano

Verano - Día 1

1. Comida

Menú:

- *Entrante:* queso blanco con champiñones (ver verano, día 5)
- *Plato principal:* gratinado de calabacín con mijo (ver más abajo)
- *Postre:* tarta a la piña (ver *op. cit.*, pág.138)

Gratinado de calabacín con mijo

INGREDIENTES: 1 kg de calabacines pequeños, 200 g de mijo, 80 g de queso comté rallado, 1 cucharada de sésamo, 1 cucharada de gomasio, 7 ramitas de perejil, sal, nata líquida, jarabe de arce o miel.

PREPARACIÓN: cocer el mijo, escurrirlo y reservarlo aparte. Hervir los calabacines durante 5 minutos, cortarlos a lo largo en dos mitades y vaciar un poco de carne. Mezclar el gomasio, el sésamo y la sal con el mijo y rellenar los calabacines con esta mezcla. Espolvorear con queso comté e introducir en el horno de 10 a 15 minutos. Una vez fuera del horno, cubrir con perejil picado y acompañar con nata líquida batida y un poco de jarabe de arce o miel.

2. Cena

Menú:

- *Entrante:* leche al pepino (ver *op. cit.,* pág. 164)
- *Plato principal:* tabboula (ver *op. cit.,* pág. 116)
- *Postre:* gelatina de grosellas (ver más abajo)

Gelatina de grosellas

INGREDIENTES: 4 cucharadas soperas de grosellas, 2 barras de agar-agar, 2 cucharadas soperas de azúcar moreno, ½ l de agua.

PREPARACIÓN: fundir el agar-agar en el ½ l de agua y dejar enfriar. Con la ayuda de la batidora, mezclar cuidadosamente esta preparación con el azúcar y la mitad de las grosellas. Verter en un molde de corona e introducir el resto de las grosellas. Cubrir de azúcar y mantener 2 horas en el refrigerador. Retirar del molde y servir frío, cubierto con las hojas de las grosellas.

Verano - Día 2

1. Comida

Menú:

- *Entrante:* queso blanco a la provenzal
- *Plato principal:* pimientos rellenos a la indiana (ver en la página siguiente)
- *Postre:* merengue de albaricoques (ver verano, día 4).

Pimientos rellenos a la indiana

INGREDIENTES: 4 buenos pimientos verdes largos, 150 g de queso de oveja, 150 g de trigo sarraceno, 10 aceitunas negras, sal, hojas de menta fresca.

PREPARACIÓN: cocer el trigo sarraceno y calentar el horno a termostato 6. Disponer los pimientos en una bandeja e introducirlos en el horno caliente durante algunos minutos hasta que la piel se resquebraje. Dejarlos enfriar. Abrirlos a lo largo y eliminar las semillas y las costillas. En una ensaladera, mezclar el trigo sarraceno, el queso machacado y añadir las aceitunas y la sal. Rellenar los pimientos con esta mezcla. Disponer en una bandeja para horno y hornear durante 20 minutos. Una vez fuera del horno decorar con las hojas de menta fresca.

2. Cena

Menú:

- *Entrante:* zumo de manzana fresco
- *Plato principal:* ensalada de cebada veraniega (ver verano, día 4)
- *Postre:* flan ligero de moras (ver más abajo)

Flan ligero de moras

INGREDIENTES: 400 g de moras, 1 huevo, 1 barra de agar-agar, 150 g de queso blanco batido sin grasa, 100 g de fructosa.

PREPARACIÓN: batir el queso blanco, el huevo y la fructosa. Con la ayuda de la batidora, mezclar las grosellas y el agar-agar. Mezclarlo todo bien removiendo despacio y verter en un molde para flanes. Cocer al vapor o en una cacerola cerrada durante 20 minutos.

Dejar enfriar durante 2 o 3 horas y decorar con las hojas de mora y algunas bayas. Para esta receta también se pueden utilizar grosellas, frambuesas o fresas.

Verano - Día 3

1. Comida

Menú:

- *Entrante:* nevaditos de hiziquis (ver más abajo)
- *Plato principal:* cebada frescura (ver *op. cit.,* pág. 106)
- *Postre:* yogur natural

Nevaditos de hiziquis

INGREDIENTES: 50 g de hiziquis, 6 huevos, vinagre de Jerez, sal, cebolleta, pimienta rosa.

PREPARACIÓN: el día anterior macerar los hiziquis en el vinagre. Separar las yemas de las claras y con las claras montadas a punto de nieve muy firmes, hacer 4 partes y cocerlas separadamente en agua caliente. Disponer las claras de huevo cocidas individualmente sobre sendos platos. Incorporar la cebolleta y la pimienta a los hiziquis escurridos, disponerlos sobre las claras de huevo y finalmente, colocar una yema de huevo crudo en cada una de las partes. Estos nevaditos se consumen tibios.

2. Cena

Menú:

- *Entrante:* sopa de melón helada (ver en la página siguiente)
- *Plato principal:* fiambre de aguacates (ver verano, día 6)
- *Postre:* tarta de peras de la abuela (ver verano, día 14)

Sopa de melón helada

INGREDIENTES: 4 melones, 1 guindilla, 1 pomelo, 1 cucharada de nata líquida, 1 cucharada de miel.

PREPARACIÓN: desmochar los melones. Retirar las semillas y la pulpa manteniendo la cáscara intacta. Triturar la carne del melón y tamizar. Añadir la crema y la miel y batir. Pelar el pomelo teniendo cuidado de eliminar completamente la piel blanca. Rellenar los melones vacíos con la preparación precedente y añadir el pomelo y la guindilla cortados a dados. Introducir en el refrigerador 2 horas antes de servir.

Verano - Día 4

1. Comida

Menú:

- *Entrante:* sorbete de tomate (ver verano, día 17)
- *Plato principal:* flan de berenjenas (ver verano, día 22)
- *Postre:* merengue de albaricoques (ver más abajo)

Merengue de albaricoques

PREPARACIÓN: 10 albaricoques maduros, 2 huevos enteros, 3 claras de huevo, 300 g de azúcar moreno, 80 g de harina tipo 65, 50 g de pistachos, 1 yogur, 1 pizca de canela, ½ vaso de agua.

PREPARACIÓN: en un recipiente, batir con fuerza los huevos enteros y 100 g de azúcar, a continuación añadir el yogur y la harina sin dejar de remover. Disponer esta masa en un molde enharinado y hornear a temperatura suave durante 30 minutos. Deshuesar los albaricoques y cocerlos durante 10 minutos en el ½ vaso de agua con 100 g de azúcar. Disponer esta preparación sobre el pastel cocido. Montar las claras de huevo a punto de nieve con el azúcar restante y verter el merengue resultante sobre los albaricoques. Espolvorear con los pistachos picados con cuchillo. Introducir en el horno a temperatura muy baja hasta que el merengue adquiera una coloración suave.

2. Cena

Menú:

- *Entrante:* zaziqui (ver verano, día 22)
- *Plato principal:* ensalada de cebada veraniega (ver más abajo)
- *Postre:* pastelitos secos (ver *op. cit.*, pág. 157).

Ensalada de cebada veraniega

INGREDIENTES: 100 g de cebada, 100 g de soja verde, 100 g de maíz dulce, 1 pimiento rojo, 50 g de cacahuetes, 1 cebolla, 1 cucharada sopera de sésamo negro, 1 yogur, 1 limón, aceite de sésamo.

PREPARACIÓN: cocer la cebada y la soja separadamente; escurrirlas y enjuagarlas con agua fría. Añadir el maíz dulce y el sésamo. Preparar una salsa con el yogur, el limón cortado a rodajas finas y el aceite de sésamo. Cortar el pimiento en finas rodajas y asarlo ligeramente en la bandeja del horno. Mezclar todo bien y recubrir con cebolla picada y cacahuetes. Enfriar en el refrigerador durante una hora antes de servir.

Verano - Día 5

1. Comida

Menú:

- *Entrante:* queso blanco con champiñones (ver más abajo)
- *Plato principal:* cebada a las almendras (ver *op. cit.*, pág. 107)
- *Postre:* peras sorpresa (ver *op. cit.*, pág. 133)

Queso blanco con champiñones

INGREDIENTES: 150 g de champiñones bien frescos, 250 g de queso blanco, 1 cebolla pequeña, 1 rama de estragón, aceite de oliva, Herbamare.

PREPARACIÓN: batir el queso blanco incorporando un poco de aceite de oliva y de Herbamare. Picar la cebolla muy fina. Cortar los champiñones en finas lonchas. Picar el estragón fresco. Mezclar todo muy bien y servir con tostadas.

2. Cena

Menú:

- *Entrante:* tarta a la cebolla (ver *op. cit.*, pág. 51)
- *Plato principal:* sopa fría florentina (ver más abajo)
- *Postre:* galletas a las almendras (ver *op. cit.*, pág. 143)

Sopa fría florentina

INGREDIENTES: 7 buenos tomates, 2 cebollas, 1 zumo de limón, 2 yogures, 1 cucharadita de café de Kelpamare, menta fresca.

PREPARACIÓN: llevar a ebullición, en 1 l de agua, los tomates cortados a trozos, el zumo de limón (también la cáscara) y las cebollas picadas. Dejar hervir durante 5 minutos, triturar y tamizar. El resultado es una crema untuosa que se dejará enfriar. Añadir los yogures batidos y el Kelpamare. Servir helado y espolvoreado con menta fresca picada.

Verano - Día 6

1. Comida

Menú:

- *Entrante:* fresas al natural
- *Plato principal:* pimientos en lecho de cebada (ver más abajo)
- *Postre:* bizcocho de avellanas (ver verano, día 10)

Pimientos en lecho de cebada

INGREDIENTES: 2 pimientos verdes, 2 pimientos rojos, 200 g de cebada mondada, 4 huevos, 4 cebollas, 4 ramitas de cebolleta, 1 rama de tomillo fresco, 2 cucharadas de aceite de oliva, sal.

PREPARACIÓN: cocer la cebada, escurrirla y enjuagarla. Cortar los pimientos a lo largo, retirar las semillas y las costillas y a continuación cortar cada trozo en finas tiras. Cortar las cebollas en rodajas. Introducir los pimientos y las cebollas en el horno durante 5 minutos para que pierdan dureza. Una vez fuera del horno rociar con el aceite de oliva y espolvorear con el tomillo. Disponer la cebada en una bandeja y rociar con aceite. A continuación cubrir con los pimientos y las cebollas tibios y salar. Escalfar los huevos uno a uno y disponerlos sobre la bandeja espolvoreando el conjunto con la cebolleta picada.

2. Cena

Menú:

- *Entrante:* fiambre de aguacates (ver más abajo)
- *Plato principal:* pimientos con trigo (ver verano, día 10)
- *Postre:* gelatina de grosellas (ver verano, día 1)

Fiambre de aguacates

INGREDIENTES: 3 aguacates maduros al punto, 1 tarro de paté vegetal de champiñones, 50 g de Vitaquell, 1 zumo de limón verde, 1 lechuga, 2 tomates, algunas hojas de estragón, 1 cucharada de aceite de sésamo, sal.

PREPARACIÓN: *(preparar 3 horas antes):* con la ayuda de la batidora mezclar bien la carne de 2 aguacates, el paté vegetal, el Vitaquell, el zumo de limón y la sal. Engrasar 4 moldes pequeños y rellenarlos con la preparación precedente. Poner a enfriar durante 3 horas. En una bandeja de servicio, disponer las hojas de lechuga, las rodajas de tomate, finas lonchas de aguacate rociadas con el zumo del limón, espolvorearlo todo con el estragón picado y rociar de aceite. Disponer los fiambres de aguacate en el centro y servir con tostadas.

Verano - Día 7

1. Comida

Menú:

- *Entrante:* rollitos de verano en menta fresca (ver en la página siguiente)
- *Plato principal:* tomates rellenos (ver verano, día 13)
- *Postre:* pastel de frutas rojas (ver primavera, día 2)

Rollitos de verano en menta fresca

INGREDIENTES: 1 lechuga grande, 1 pepino pequeño, 4 aceitunas negras, 4 avellanas, 4 buenas zanahorias nuevas, 1 manzana, 5 ramas de menta fresca, 1 queso blanco entero batido, Herbamare, pimienta rosa.

PREPARACIÓN: preparar las verduras separadamente: rallar las zanahorias, cortar el pepino y la manzana en rodajas y picar muy fino las olivas y las avellanas. En las hojas grandes de la lechuga, disponer sucesivamente capas de zanahoria, pepino, manzana, avellanas y olivas terminando con una hoja de menta. Plegar los extremos de las hojas y enrollarlas en cilindros. Disponer sobre una bandeja decorando con la menta fresca. Servir con el queso blanco batido, un poco de Herbamare y menta picada. Espolvorear con pimienta rosa.

2. Cena

Menú:

- *Entrante:* lechuga dulzura (ver *op. cit.*, pág. 29)
- *Plato principal:* bocado de hierbas
- *Postre:* entremeses de albaricoques (ver más abajo)

Entremeses de albaricoques

INGREDIENTES: 750 g de albaricoques, 150 g de azúcar moreno, 3 huevos, 2 cucharadas soperas de arruruz, 1 pizca de vainilla.

PREPARACIÓN: deshuesar los albaricoques, cortarlos y cocerlos a fuego muy lento con un poco de agua. Tamizar para obtener un puré y espesar en una cacerola con el azúcar y el arurruz sin dejar de remover. Dejar enfriar. Añadir las yemas de huevo una a una, removiendo, después la vainilla y finalmente las claras previamente montadas a punto de nieve. Verter el conjunto en un molde enharinado y cocer al baño María durante 40 minutos a fuego lento (termostato 5). Dejar enfriar y retirar del molde antes de servir.

Verano - Día 8

1. Comida

Menú:

- *Entrante:* ensalada griega (ver *op. cit.*, pág. 32)
- *Plato principal:* moussaka de verano (ver más abajo)
- *Postre:* mousse a los pistachos (ver *op. cit.*, pág. 146)

Moussaka de verano

INGREDIENTES: 3 buenas berenjenas, 200 g de soja, 100 g de bulgur, 4 buenos tomates pelados, 1 cebolla, 1 diente de ajo, 150 g de queso comté, 1 cucharadita de café de páprika, sal, aceite, perejil, salsa bechamel.

PREPARACIÓN: cortar las berenjenas a lo largo, en rodajas de un centímetro y ponerlas a macerar en sal durante 30 minutos. Cocer el bulgur con la soja. Enjuagar las berenjenas y secarlas sobre un paño. Cortar la cebolla en rodajas y picar el ajo. Untar de aceite un molde cuadrado y tapizar el fondo con una capa de berenjenas, después, y sucesivamente, la mezcla de bulgur y soja, los tomates a rodajas, el comté rallado, el ajo y la cebolla. Empezar de nuevo una segunda vez y recubrir finalmente con queso comté. Cubrir generosamente con una salsa bechamel. Introducir en el horno durante 30 minutos tapándolo con una hoja de papel de aluminio. Servir caliente y espolvoreado con perejil picado y páprika.

2. Cena

Menú:

- *Entrante:* ensalada Raïta (ver más abajo)
- *Plato principal:* soufflé a las zanahorias (ver *op. cit.*, pág. 91)
- *Postre:* corona de frutas en gelatina (ver verano, día 24)

Ensalada Raïta

INGREDIENTES: 1 pepino pequeño, 4 tomates pelados, 2 cucharadas soperas de menta fresca picada, 40 cl de yogur natural, 3 piñones de pino, 1 pizca de Plantarom.

PREPARACIÓN: cortar el pepino y los tomates en rodajas finas y disponerlas sobre una bandeja. Recubrir con la salsa preparada con la mezcla del yogur, la menta y el Plantarom. Espolvorear con los piñones de pino picados grandes. Servir helado.

Verano - Día 9

1. Comida

Menú:

- *Entrante:* lonchas de pepino tamara blanco (ver en la página siguiente)
- *Plato principal:* arroz a la india (ver *op. cit.*, pág. 110)
- *Postre:* flan bohemio (ver *op. cit.*, pág. 144)

Lonchas de pepino tamara blanco

INGREDIENTES: 2 pepinos pequeños, 50 g de hiziquis, 150 g de queso blanco al 0 %, 100 g de nata líquida desnatada, 2 tomates pelados, 1 pomelo pequeño, 2 ramitas de estragón fresco, algunas hojas de ensalada, sal, pimienta.

PREPARACIÓN: cortar los pepinos en trozos de 4 cm de espesor. Vaciar el centro de cada trozo con una cucharilla para retirar las semillas. Macerar con sal. Batir el queso blanco, la nata líquida y los hiziquis y dejar reposar en frío durante 30 minutos. Enjuagar y secar el pepino y disponerlo sobre las rodajas de tomate dispuestas sobre las hojas de lechuga. Rellenar los trozos de pepino vaciados con la preparación precedente y presentar con estragón fresco y rodajas de pomelo. Servir con sal y pimienta sobre la mesa.

2. Cena

Menú:

- *Entrante:* crema de pepino (ver *op. cit.,* pág. 15)
- *Plato principal:* huevos duros con zanahorias (ver más abajo)
- *Postre:* pastel de coco (ver *op. cit.,* pág. 140)

Huevos duros con zanahorias

INGREDIENTES: 450 g de zanahorias nuevas, 15 cl de yogur, 4 huevos, estragón fresco, sal.

PREPARACIÓN: preparar un puré de zanahorias un poco espeso, salar e incorporar el yogur. Rellenar cuatro moldes dejando un orificio en el centro para poner el huevo. Introducir en el horno durante 10 minutos y servir caliente, espolvorear con estragón picado.

Verano - Día 10

1. Comida

Menú:

- *Entrante:* ensalada de arroz (ver *op. cit.*, pág. 30)
- *Plato principal:* calabacines campesinos (ver *op. cit.*, pág. 70)
- *Postre:* bizcocho de avellanas (ver más abajo)

Bizcocho de avellanas

INGREDIENTES: 6 huevos, 300 g de azúcar moreno, 200 g de Vitaquell, 200 g de harina tipo 65, 150 g de avellanas, 1 pizca de vainilla, vinagre de sidra.

PREPARACIÓN: batir, conjuntamente, 4 yemas de huevo, 200 g de azúcar, el Vitaquell y la harina y a continuación incorporar, a tercios, las claras de huevo a punto de nieve firme. Verter esta masa en un molde enharinado y hornear durante 45 minutos (termostato 6). Extraer el bizcocho del molde y dejar enfriar. El bizcocho debe prepararse el día anterior o muy pronto por la mañana.

Preparar un jarabe con 100 g de azúcar, 4 cucharadas soperas de agua y 1 gota de vinagre de sidra. Batir 2 yemas de huevos y verter el jarabe sobre ellas muy lentamente y sin dejar de batir, hasta que la mezcla espese y se enfríe. A continuación incorporar las avellanas picadas. Cortar el bizcocho en dos y rellenarlo con la mitad de esta crema. Cubrir el pastel con el resto de la crema y decorar con avellanas enteras.

2. Cena

Menú:

- *Entrante:* zumo de frutas frescas de la estación
- *Plato principal:* pimientos con trigo (ver más abajo)
- *Postre:* flan ligero de moras (ver verano, día 2)

Pimientos con trigo

INGREDIENTES: 10 pimientos rojos pequeños, 300 g de trigo triturado (bulgur), 1 cucharada de azúcar en polvo, 1 vasito de vinagre de sidra, 2 dientes de ajo, 1 pizca de curry, perejil, cebolleta, estragón fresco, sal.

PREPARACIÓN: cocer el bulgur y escurrirlo. Asar los pimientos sobre una plancha, pelarlos y retirar las semillas. A continuación cortarlos a tiras y pasarlos por la sartén con el azúcar y el vinagre. Añadir el ajo machacado, dejar cocer durante 1 minuto y añadir la sal y el curry. Sobre una bandeja de servicio preparar un lecho de bulgur y disponer sobre él los pimientos. Espolvorear con las hierbas aromáticas picadas.

Verano - Día 11

1. Comida

Menú:

- *Entrante:* mousse de huevos (ver en la página siguiente)
- *Plato principal:* cebada a la libanesa (ver verano, día 16)
- *Postre:* rodete de fresas

Mousse de huevos

INGREDIENTES: 6 huevos duros, 1 cucharadita de café de tamari, 1 cucharada de gomasio, 15 cl de yogur natural, 2 cucharadas de salsa de tomate, 1 pizca de páprika, sal, menta fresca, tostadas, tomates, cebollas.

PREPARACIÓN: cortar los huevos a lo largo y retirar las yemas. Pasarlos por la batidora y mezclarlos con el tamari, el gomasio, la sal y la páprika. Picar muy finas las claras de huevo y mezclarlas con la salsa de tomate y el yogur. Mezclar bien el conjunto batiendo enérgicamente hasta conseguir la consistencia de una mousse ligera. Introducir en el refrigerador durante 2 horas y servir con tostadas, tomates y rodajas de cebolla.

2. Cena

Menú:

- *Entrante:* ensalada de pepinos (ver *op. cit.,* pág. 26)
- *Plato principal:* zanahorias al gruyer (ver *op. cit.,* pág. 62)
- *Postre:* mousse de melocotones (ver más abajo)

Mousse de melocotones

INGREDIENTES: 1 kg de melocotones pelados y cortados a trozos, 2 huevos, 30 cl de nata líquida, 1 barra de agar-agar, 1 cucharada de miel de acacia.

PREPARACIÓN: en una cacerola tapada cocer los melocotones a fuego lento y durante 10 minutos. Dejarlos enfriar. Mezclar el agar-agar con las 2 cucharadas soperas de agua para disolverlo. Con la ayuda de la batidora preparar una crema lisa con los melocotones, el jugo de la cocción, la miel, la nata líquida y las yemas de huevo. A continuación incorporar el agar-agar fundido, dejar espesar en frío y añadir las claras de huevo montadas a punto de nieve firme. Disponer la mousse en copas individuales e introducirlas en el refrigerador hasta que hielen. Decorar con una hoja de melocotonero.

Verano - Día 12

1. Comida

Menú:

- *Entrante:* «Pissaladiere» (ver *op. cit.*, pág. 52)
- *Plato principal:* corona de tomates en gelatina a la cantonesa (ver más abajo)
- *Postre:* soufflé al anís (ver *op. cit.*, pág. 148)

Corona de tomates en gelatina a la cantonesa

INGREDIENTES: 700 g de tomates bien maduros, 1 cebolla, 15 cl de caldo de Plantamare, 1 diente de ajo, 1 manojo de hierbas frescas (albahaca, menta, perejil, cebolleta), 1 calabacín pequeño, 1 barra de agar-agar, 4 huevos duros, 1 manojo de berros, 200 g de arroz completo cocido, sal.

PREPARACIÓN: en una cacerola, introducir los tomates cortados a cuartos, la cebolla y el calabacín a rodajas, el caldo, el ajo y las finas hierbas. Llevar a ebullición y dejar hervir a fuego lento durante 5 minutos. Triturar en la batidora hasta obtener un puré fino, añadir el agar-agar fundido y salar. Verter en un molde de corona e introducir en el refrigerador hasta que el puré se haya transformado en gelatina. Retirar del molde y disponer sobre un lecho de berros y rellenar el centro de la corona con el arroz completo cocido y frío mezclado con los huevos duros picados.

2. Cena

Menú:

- *Entrante:* sorbete de melón (ver más abajo)
- *Plato principal:* judías verdes a la provenzal (ver *op. cit.*, pág. 74)
- *Postre:* soufflé a las avellanas (ver *op. cit.*, pág. 149)

Sorbete de melón

INGREDIENTES: 4 melones pequeños bien maduros (de 300 g aproximadamente), 1 l de leche de soja, 2 cucharadas soperas de miel de acacia, 1 cucharada de avellanas en polvo.

PREPARACIÓN: retirar las semillas, extraer la pulpa y con la ayuda de la batidora triturarla junto con la leche de soja, la miel y las avellanas en polvo. Verter en un heladera y cuando haya adquirido la consistencia de helado, preparar las bolas que se servirán en las cáscaras de los melones.

Verano - Día 13

1. Comida

Menú:

- *Entrante:* olivas al requesón (ver *op. cit.*, pág. 46)
- *Plato principal:* tomates rellenos (ver en la página siguiente)
- *Postre:* bolas de nieve (ver *op. cit.*, pág. 156)

Tomates rellenos

INGREDIENTES: 8 buenos tomates bien redondos, 8 Sojanelles, 3 chalotes, 2 dientes de ajo, 1 huevo, 6 ramitas de perejil, 300 g de arroz completo, 1 cucharada de Plantamare, sal, aceite de oliva, agua.

PREPARACIÓN: vaciar los tomates separando la pulpa de la tapadera. Picar muy fino los Sojanelles con el ajo, el perejil y los chalotes, mezclar bien con el huevo y añadir sal. Rellenar los tomates con esta preparación y disponerlos en una bandeja para horno rellenando los huecos entre tomates con el arroz. Añadir 1 vaso de agua y dejar 40 minutos a fuego lento recubriéndolos con una hoja de papel de aluminio. Con la ayuda de la batidora, triturar la pulpa del tomate y dejarla enfriar con el Plantamare. Añadir 3 cucharadas de aceite de oliva. 5 minutos antes de finalizar la cocción, recubrir los tomates con sus tapaderas. Una vez fuera del horno, rociar con la salsa de tomate y espolvorear con el perejil crudo picado. Degustar caliente.

2. Cena

Menú:

- *Entrante:* tofu frío en ensalada (ver más abajo)
- *Plato principal:* pimientos morrones rellenos de Nimes (ver *op. cit.*, página 97)
- *Postre:* pastel a las peras (ver *op. cit.*, pág. 135)

Tofu frío en ensalada

INGREDIENTES: 4 lonchas de tofu, 8 tomates, 10 aceitunas negras, 1 pepino pequeño, 1 manojo de rábanos rojos pequeños, cebolleta. *Salsa:* 3 cucharadas soperas de tamari, 1 cucharada sopera de vinagre de arroz, 1 cucharada de aceite de sésamo, 1 pizca de jengibre fresco rallado.

PREPARACIÓN: en una bandeja, disponer las lonchas de tofu enjuagadas y escurridas sobre un lecho de hojas de rábano. Adornar la bandeja con las verduras cortadas de forma decorativa. Disponer las aceitunas sobre el tofu. Cubrir con la salsa preparada con los ingredientes mencionados más arriba. Espolvorear con cebolleta picada.

Verano - Día 14

1. Comida

Menú:

- *Entrante:* requesón a la provenzal (ver *op. cit.*, pág. 125)
- *Plato principal:* ñoquis (ver *op. cit.*, pág. 122)
- *Postre:* tarta de peras de la abuela (ver más abajo)

Tarta de peras de la abuela

INGREDIENTES: 4 peras grandes, 150 g de pasta quebrada, un puñado de arándanos (u otras bayas), 2 cucharadas soperas de azúcar en polvo, 1 clara de huevo, 2 ramas de verbena fresca.

PREPARACIÓN: cubrir un molde de 26 cm de diámetro con la pasta quebrada. Pintar el fondo de la tarta con la clara de huevo batida. Cortar las peras en cuatro y disponer los trozos sobre el fondo de la tarta. Espolvorear con el azúcar en polvo y hornear durante 20 minutos a 180° C. Añadir la verbena picada y los arándanos; hornear de nuevo durante 10 minutos. Servir tibia.

2. Cena

Menú:

- *Entrante:* cóctell casero de zumos de frutas frescas
- *Plato principal:* requesón en cóctell (ver más abajo)
- *Postre:* rodete de fresas

Requesón en cóctel

INGREDIENTES: 600 g de requesón, 1 queso blanco, 1 diente de ajo picado, 4 tomates, 1 pepino, 1 apio, algunos brotes de coliflor, pistachos, sal, algunos granos de pimienta rosa, tostadas.

PREPARACIÓN: con la ayuda de la batidora, mezclar el requesón, el queso blanco, el ajo y la sal. Batir hasta que la mezcla adquiera una consistencia cremosa. Disponer esta crema de queso sobre una bandeja formando surcos sobre los cuales colocaremos las verduras cortadas de manera decorativa. Presentar con las tostadas.

Verano - Día 15

1. Comida

Menú:

- *Entrante:* sorbete de fresas (ver en la página siguiente)
- *Plato principal:* pimientos rellenos a la indiana (ver verano, día 2)
- *Postre:* pastel Juliette (ver otoño, día 24)

Sorbete de fresas

INGREDIENTES: 500 g de fresas, el zumo de un limón, 2 cucharadas de jarabe de arce, 1 queso blanco fresco.

PREPARACIÓN: preparar un puré con las fresas, triturándolas y tamizándolas después. Batir conjuntamente este puré de fresas, el jarabe de arce, el zumo de limón y el queso blanco. Verter en copas altas. Servir helado decorándolo con hojas de fresas.

2. Cena

Menú:

- *Entrante:* queso batido a las frutas (ver *op. cit.*, pág. 127)
- *Plato principal:* escabeche de pepinos a la griega (ver más abajo)
- *Postre:* flan de cerezas y almendras (ver *op. cit.*, pág. 144)

Escabeche de pepinos a la griega

INGREDIENTES: 3 pepinos medianos, 2 ramas de apio, 1 cucharada sopera de granos de coriandro, 1 cucharada sopera de granos de anís, 1 cucharada sopera de pimienta en grano, 1 vaso grande de aceite de oliva, perejil y tomillo frescos, ½ l de agua.

PREPARACIÓN: cortar el apio en bastones finos y cocerlo durante 30 minutos en ½ l de agua con todas las especias. Cortar los pepinos a lo largo en cuatro trozos y éstos a su vez a dados. Añadir a la cacerola con el apio y cocer de nuevo durante 30 minutos más. Dejar enfriar durante 24 horas. Rociar con aceite de oliva. Servir frío pero no helado, con arroz o bulgur como acompañamiento.

Verano - Día 16

1. Comida

Menú:

- *Entrante:* ensalada de pepinos (ver *op. cit.*, pág. 26)
- *Plato principal:* cebada a la libanesa (ver más abajo)
- *Postre:* tarta a la piña (ver *op. cit.*, pág. 138)

Cebada a la libanesa

INGREDIENTES: 250 g de patatas, 250 g de berenjenas, 250 g de calabacines, 4 tomates, 3 cebollas, 200 g de cebada, 2 cucharadas soperas de harina tipo 65, ½ vaso de aceite de sésamo, 2 puñados de maíz, 2 puñaditos de polvo de clavo, ½ l de caldo de Plantamare, 150 g de queso de cabra, granos de sésamo.

PREPARACIÓN: cortar las patatas a dados, las berenjenas y los calabacines a gruesas rodajas, los tomates en cuatro trozos y las cebollas a rodajas. Cocer la cebada y escurrirla. Engrasar una bandeja grande de horno. Rehogar la cebada con todas las especias en una sartén. Disponer las patatas y todas las verduras en la bandeja y cubrir con la cebada mezclada con las especias. Rociar con el caldo. Introducir en el horno durante 45 minutos y una vez fuera, rociar con el aceite. Recubrir con el sésamo y espolvorear con queso de cabra rallado.

2. Cena

Menú:

- *Entrante:* sopa del Ecuador (ver en la página siguiente)
- *Plato principal:* pasta al huevo y Nussa (ver *op. cit.*, pág. 119)
- *Postre:* soufflé de almendras al natural (ver *op. cit.*, pág. 147)

Sopa del Ecuador

INGREDIENTES: 1 kg de tomates, ½ l de caldo de soja (en porciones), 2 chalotes, 4 plátanos, 2 cucharaditas de café de arruruz, 1 pizca de pimienta rosa, sal, 3 cucharadas de nata líquida, 2 cucharadas de nuez de coco rallada.

PREPARACIÓN: escaldar los tomates, pelarlos y cocerlos en el caldo de soja, a fuego lento con los chalotes. Tamizar y espesar con el arruruz. Cortar los plátanos a rodajas y dorarlas al horno. Introducirlas en el puré de tomates; añadir sal y pimienta. Ligar con la nata antes de servir y espolvorear con la nuez de coco rallada.

Verano - Día 17

1. Comida

Menú:

- *Entrante:* sorbete de tomate (ver más abajo)
- *Plato principal:* croquetas de trigo sarraceno (ver *op. cit.*, pág. 114)
- *Postre:* flan a las cerezas (ver *op. cit.*, pág. 143)

Sorbete de tomate

INGREDIENTES: 1 kg de tomates maduros, 1 brizna de albahaca, 1 brizna de cebolleta, 1 pizca de curry, 2 cucharadas de vinagre de umebosi, 1 pizca de Herbamare, el zumo de 2 limones, 50 g de fructosa, tamari, lechuga.

PREPARACIÓN: preparar un puré de tomates con ayuda de la batidora y tamizar cuidadosamente. Incorporar todos los ingredientes, teniendo cuidado de picar todas las finas hierbas. Mezclar y verter en una heladera. Cuando el sorbete haya adquirido la consistencia adecuada, confeccionar bolas y disponerlas sobre las hojas de lechuga. Rociar con tamari.

2. Cena

Menú:

- *Entrante:* ensalada de frutas de verano (ver más abajo)
- *Plato principal:* sopa provenzal (ver *op. cit.*, pág. 19)
- *Postre:* pastel de manzanas y ciruelas (ver *op. cit.*, pág. 136)

Ensalada de frutas de verano

INGREDIENTES: 100 g de frambuesas, 100 g de fresas del bosque, 200 g de fresas, 2 albaricoques, 1 melón mediano, 3 melocotones, 300 g de queso blanco batido, 1 zumo de pomelo, 2 cucharadas de jarabe de arce, 1 lechuga, queso blanco, menta.

PREPARACIÓN: tapizar el fondo de una ensaladera grande con las hojas de lechuga y a continuación disponer sucesivamente, el melón cortado a dados, los albaricoques en dos, los melocotones en cuatro y finalmente las frutas rojas enteras. Rociar con el zumo de pomelo y el jarabe de arce. Servir frío, no helado, con un queso blanco batido y hojas de menta fresca.

Verano - Día 18

1. Comida

Menú:

- *Entrante:* achicoria roja con queso
- *Plato principal:* tarrina de berenjenas (ver más abajo)
- *Postre:* entremeses de albaricoques (ver verano, día 7)

Tarrina de berenjenas

INGREDIENTES: 4 buenas berenjenas, 40 g de setas secas, 1 huevo, 3 Sojanelles, 100 g de requesón, 100 g de queso comté rallado, 100 g de mijo cocido, sal, orégano, 8 lonchas de queso de raclette, 1 diente de ajo, perifollo fresco.

PREPARACIÓN: cortar las berenjenas a lo largo y macerarlas en sal. Rehidratar las setas con agua tibia. Hervir las berenjenas durante 5 minutos y retirar la carne central con una cuchara. En una ensaladera, machacar la carne de berenjena incorporando todos los ingredientes: el mijo, el huevo batido, los Sojanelles cortados a dados, los champiñones picados, el ajo machacado, el requesón y el orégano. Disponer las berenjenas en una bandeja para horno y rellenarlas con la preparación precedente. Recubrir con las lonchas de queso de raclette y hornear durante 20 minutos. Al salir del horno espolvorear con el perifollo fresco. Servir muy caliente.

2. Cena

Menú

- *Entrante:* entremeses yugoslavos (ver *op. cit.*, pág. 46)
- *Plato principal:* zanahorias agridulces con uvas (ver en la página siguiente)
- *Postre:* crema de almendras (ver *op. cit.*, pág. 153).

Zanahorias agridulces con uvas

INGREDIENTES: 600 g de zanahorias pequeñas nuevas, 300 g de cebollas blancas pequeñas, 150 g de uvas secas blancas, 60 g de Nussa, sal, 1 hoja de laurel, 1 ramita de tomillo fresco, 1 yogur, 1 vaso de vinagre de sidra.

PREPARACIÓN: poner las uvas en remojo. Cocer, con poca agua, las zanahorias y las cebollas con las hierbas aromáticas. Añadir las uvas y el agua donde han estado sumergidas a mitad de la cocción. Añadir sal, el yogur batido y el vinagre. Cocer de nuevo durante 5 minutos. Servir caliente con un trozo de Nussa por encima.

Verano - Día 19

1. Comida

Menú:

- *Entrante:* sorbete de tomate (ver verano, día 17)
- *Plato principal:* soufflé de calabacines gratinados (ver más abajo)
- *Postre:* tarta de peras de la abuela (ver verano, día 14)

Soufflé de calabacines gratinados

INGREDIENTES: 1 kg de calabacines, 500 g de tomates, 30 g de harina, 200 g de queso comté rallado, sal, salsa menta fresca(ver *op. cit.*, página 178).

PREPARACIÓN: cortar los calabacines a rodajas, enharinarlos y asarlos al horno, bajo el *grill* y por ambos lados. Triturar los tomates crudos. Disponer capas consecutivas de rodajas de calabacín y de puré de tomate en un molde para soufflé, añadiendo sal y queso comté rallado en cada capa. Introducir en el horno durante 20 minutos y servir muy caliente con una salsa a la menta.

2. *Cena*

Menú:

- *Entrante:* cesta de frutas de la estación
- *Plato principal:* crema de acedera (ver más abajo)
- *Postre:* tarta de Lieja (ver *op. cit.*, pág.137)

Crema de acedera

INGREDIENTES: 350 g de acedera, 1 yema de huevo, 1 vaso de leche, perifollo picado, sal, picatostes con ajo, 50 g de arruruz.

PREPARACIÓN: cocer la acedera en agua durante 10 minutos. Añadir el arruruz batiendo enérgicamente y triturar en la batidora hasta reducir a puré. Mantener en caliente en la sopera. Batir la yema de huevo con la leche y la sal y verter sobre la crema. Servir espolvoreado con perifollo y los picatostes con ajo.

Verano - Día 20

1. *Comida*

Menú:

- *Entrante:* tomates al huevo (ver en la página siguiente)
- *Plato principal:* pimientos en lecho de cebada (ver verano, día 6)
- *Postre:* merengue de albaricoques (ver verano, día 4)

Tomates al huevo

INGREDIENTES: 4 tomates, 8 huevos, 100 g de cebollas, algunas alcaparras, aceite de oliva, levadura malteada, lechuga, sal.

PREPARACIÓN: tapizar el fondo de una bandeja con hojas de lechuga y disponer sobre ellas los tomates cortados en dos y ligeramente vaciados. Revolver los huevos en una sartén y cubrir con ellos cada medio tomate. Rociar con aceite de oliva, añadir sal y decorar con las alcaparras y las rodajas de cebolla. Espolvorear con la levadura malteada antes de servir.

2. Cena

Menú:

- *Entrante:* fiambre de aguacates (ver verano, día 6)
- *Plato principal:* guisantes a la francesa (ver más abajo)
- *Postre:* soufflé al anís (ver *op. cit.*, pág. 148)

Guisantes a la francesa

INGREDIENTES: 2,5 kg de guisantes frescos, 4 cebollas, 2 zanahorias nuevas, 1 cogollo de lechuga, sal, aceite de oliva, tomillo fresco, nata líquida.

PREPARACIÓN: desgranar los guisantes y cocerlos con el cogollo de lechuga. Añadir las cebollas, las zanahorias cortadas a lo largo en 3 trozos y el tomillo. Dejar hervir con poca agua y a fuego lento. Añadir sal y rociar con un poco de aceite de oliva una vez finalizada la cocción. Servir con un bol de nata líquida.

Verano - Día 21

1. Comida

Menú:

- *Entrante:* tofu frío en ensalada (ver verano, día 13)
- *Plato principal:* pan de espinacas con salsa fuerte (ver más abajo)
- *Postre:* flan bohemio (ver *op. cit.*, pág. 144)

Pan de espinacas con salsa fuerte

INGREDIENTES: 1,5 kg de espinacas, 80 g de queso comté rallado, 100 g de polenta, 1 cucharada sopera de Plantamare, 2 huevos enteros, 2 barras de agar-agar, salsa fuerte.

PREPARACIÓN: cocer las espinacas y reducirlas a puré con la ayuda de la batidora. Incorporar la polenta y el agar-agar y dejar cocer durante 5 minutos más. Dejar crecer y añadir el Plantamare, el queso comté rallado y los huevos batidos. Verter en un molde alto e introducir en el horno al baño María durante 25 minutos. Dejar enfriar, retirar del molde y presentar sobre un lecho de hojas de espinacas con la salsa fuerte.

2. Cena

Menú:

- *Entrante:* apio en ropa blanca
- *Plato principal:* alcachofas gratinadas (ver en la página siguiente)
- *Postre:* gratén de manzanas a la leche de almendras (ver *op. cit.*, pág. 152)

Alcachofas gratinadas

INGREDIENTES: 4 buenas alcachofas, 100 g de queso comté, sal, nuez moscada, 1 limón, 1 l de leche, 1 huevo, 3 cucharadas soperas de arruruz.

PREPARACIÓN: lavar las alcachofas y cortar las hojas a nivel de la parte comestible; eliminar las hojas más duras y cortar a ras el tallo. Retirar el centro piloso, cocer en agua con limón y disponerlas en una bandeja para horno. Con la ayuda de la batidora, mezclar bien, la leche, el arruruz, el huevo, la sal y la nuez moscada. Verter la mezcla sobre las alcachofas y hornear hasta que empiece a adquirir color. Añadir el queso comté rallado y gratinar. Servir caliente.

Verano - Día 22

1. Comida

Menú:

- *Entrante:* flan de berenjenas (ver más abajo)
- *Plato principal:* cuscús de verano (ver *op. cit.*, pág. 100)
- *Postre:* galleta de Ardrèche (ver *op. cit.*, pág. 158)

Flan de berenjenas

INGREDIENTES: 1 kg de berenjenas, 5 huevos, 80 g de queso de cabra, sal, páprika, menta fresca, picatostes con ajo.

PREPARACIÓN: macerar en sal las berenjenas cortadas a rodajas. Enjuagarlas, secarlas con un paño y asarlas ligeramente en una sartén. Triturarlas y tamizarlas hasta obtener un puré. Añadir los hue vos uno a uno batiendo enérgicamente. Añadir sal y páprika. Verter en un molde e introducir al horno durante 30 minutos tras espolvorear con queso rallado y menta fresca. Servir con picatostes frotados con ajo.

2. Cena

Menú:

- *Entrante:* zaziqui (ver más abajo)
- *Plato principal:* pimientos con trigo (ver verano, día 10)
- *Postre:* tarta de azúcar moreno (ver primavera, día 23)

Zaziqui

INGREDIENTES: 2 tazas grandes de yogur cremoso, 2 dientes de ajo, 1 pepino pequeño, sal, 5 cucharadas soperas de aceite de sésamo, 1 cucharada sopera de vinagre de sidra, aceitunas negras.

PREPARACIÓN: batir el yogur y a continuación añadir sucesivamente la sal, el aceite, el ajo picado fino, el pepino en puré y el vinagre de sidra. Preparar este entrante con un poco de anticipación. Servir frío decorando con las aceitunas negras.

Verano - Día 23

1. Comida

Menú:

- *Entrante:* lonchas de pepino tamara blanco (ver verano, día 9)
- *Plato principal:* berenjenas Thiosmos (ver en la página siguiente)
- *Postre:* tarta especial de cerezas (ver primavera, día 15)

Berenjenas Thiosmos

INGREDIENTES: 4 buenas berenjenas, 1 ramillete de menta, 16 lonchas finas de queso de cabra, 3 tomates, 6 aceitunas negras, 1 cebolla pequeña, 2 dientes de ajo, ½ vaso de aceite de oliva, sal.

PREPARACIÓN: cortar las berenjenas a lonchas pero sin separarlas, de manera que queden unidas por un extremo. Añadir sal y dejar macerar durante 20 minutos, lavar y secar. Intercalar las finas lonchas de queso entre las lonchas de berenjena, añadiendo las hojas de menta. Disponer las berenjenas bien juntas en una bandeja e introducir en el horno durante 30 minutos. A mitad de la cocción cubrir con papel de aluminio. Con la ayuda de la batidora, mezclar cuidadosamente los tomates, el ajo, la cebolla y el aceite. Verter esta salsa sobre las berenjenas e introducir de nuevo en el horno durante 5 minutos. Servir muy caliente y espolvorear con hojas de menta picada.

2. Cena

Menú:

- *Entrante:* alcachofas al queso (ver más abajo)
- *Plato principal:* gratinado delfinés (ver primavera, día 8)
- *Postre:* flan de cerezas y almendras (ver *op. cit.*, pág. 144)

Alcachofas al queso

INGREDIENTES: 4 alcachofas, 100 g de roquefort, 4 Petit-suisse, 1 cucharada sopera de nata líquida, tamari, piñones de pino, estragón fresco.

PREPARACIÓN: retirar las hojas de las alcachofas y cocer las bases dejándolas un poco fuertes. Batir conjuntamente, la nata líquida, el roquefort, los Petit-suisse y el estragón. Rellenar las alcachofas con esta mezcla. Decorar con los piñones de pino y las hojas de estragón. En el momento de servir, rociar con un poco de tamari.

Verano - Día 24

1. Comida

Menú:

- *Entrante:* flan suave de la huerta (ver más abajo)
- *Plato principal:* trigo sarraceno a la menta (ver *op. cit.*, pág. 113)
- *Postre:* mousse de peras (ver primavera, día 18)

Flan suave de la huerta

INGREDIENTES: 500 g de miga de pan completo, 6 huevos, ¾ l de leche, 1 diente de ajo, 6 granos de pimienta verde, 50 g de arruruz, 8 ramitas de perejil, 2 chalotes, 1 cucharada sopera de Plantamare. *Salsa:* 1 bol de puré de tomate, 2 cucharadas de nata líquida, 1 pizca de pimienta de Cayenne molida, 1 cucharadita de café de miel, 1 cucharada de Kelpamare, 1 cu-charadita de café de vinagre de sidra.

PREPARACIÓN: remojar la miga de pan en la leche con el ajo, los chalotes y la pimienta verde. A continuación triturar con la batidora y añadir los huevos, el perejil cortado muy fino y el arruruz. Mezclar todo muy bien y verter en un molde alto añadiendo el Plantamare. Introducir en el horno al baño María durante 45 minutos (termostato 5). Dejar enfriar antes de retirar del molde. Preparar la salsa mezclando todos los ingredientes con la batidora. Servir la salsa en una salsera aparte.

2. Cena

Menú:

- *Entrante:* crema de pepino (ver *op. cit.*, pág. 15)
- *Plato principal:* calabacines campesinos (ver *op. cit.*, pág. 70)
- *Postre:* corona de frutas en gelatina (ver más abajo)

Corona de frutas en gelatina

INGREDIENTES: 250 g de fresas, 2 melocotones, 2 albaricoques, 1 pera, 200 g de frambuesas, 3 cucharadas de azúcar moreno, 1 diente de cardamomo, 4 barras de agar-agar, zumo de limón, 1 l de agua, nata montada.

PREPARACIÓN: preparar una infusión con el litro de agua y el diente de cardamomo machacado en el mortero. Fundir el agar-agar en esta infusión y dejar enfriar hasta que se forme la gelatina. Verter la mitad de esta gelatina aún tibia en un molde de corona. Introducir en el refrigerador para que la gelatina se endurezca. Recubrir con las frutas cortadas a dados y rociar con el zumo de limón y el azúcar. Tapar con el resto de la gelatina. Introducir en el refrigerador durante 4 horas y retirar del molde. Acompañar con nata montada helada.

Verano - Día 25

1. Comida

Menú:

- *Entrante:* tofu frío en ensalada (ver verano, día 13)
- *Plato principal:* taboulé a la menta (ver en la página siguiente)
- *Postre:* queso blanco al natural

Taboulé a la menta

INGREDIENTES: 250 g de cuscús, 6 cucharadas soperas de aceite de sésamo, 6 cebollas nuevas pequeñas, el zumo de 3 limones, 500 g de tomates, 1 pepino, 1 pimiento, 10 ramitas de menta fresca, sal, nata líquida, salsa a la menta.

PREPARACIÓN: disponer un cuscús en una ensaladera, añadir sal y aceite de sésamo. Sobre una madera, cortar las verduras muy finas y añadirlas al cuscús con el zumo de limón. Recubrir con la menta picada y rociar con zumo de limón. Mezclar todo bien e introducir en el refrigerador durante una hora. Servir con un ramito de menta, un bol de nata líquida y una salsa menta fresca (ver *op. cit.*, pág. 178).

2. Cena

Menú:

- *Entrante:* ensalada de espinacas (ver *op. cit.*, pág. 28)
- *Plato principal:* albóndigas de trigo sarraceno (ver más abajo)
- *Postre:* crema de cerezas (ver primavera, día 12)

Albóndigas de trigo sarraceno

INGREDIENTES: 200 g de trigo sarraceno, 20 aceitunas negras deshuesadas, 4 dientes de ajo, 2 ramitas de cebolleta, aceite, sal, harina de trigo sarraceno. *Salsa:* 6 buenos champiñones, 2 ramitas de cebolleta, 1 zumo de limón, 1 yogur, 1 cucharadita de café de páprika, sal, pimienta rosa.

PREPARACIÓN: cocer el trigo sarraceno un poco menos de lo habitual. Preparar una picada con las aceitunas, el ajo, la cebolleta y la sal. Mezclar la picada con el sarraceno espolvoreando con harina de sarraceno, hasta conseguir la consistencia de una pasta espesa. Modelar las albóndigas y asarlas al horno o en una sartén con un poco de aceite. Preparar la salsa con la batidora mezclando todos los ingredientes, habiendo hervido los champiñones previamente. Colocar las albóndigas en una bandeja y cubrir con la salsa.

3 Menús y recetas de otoño

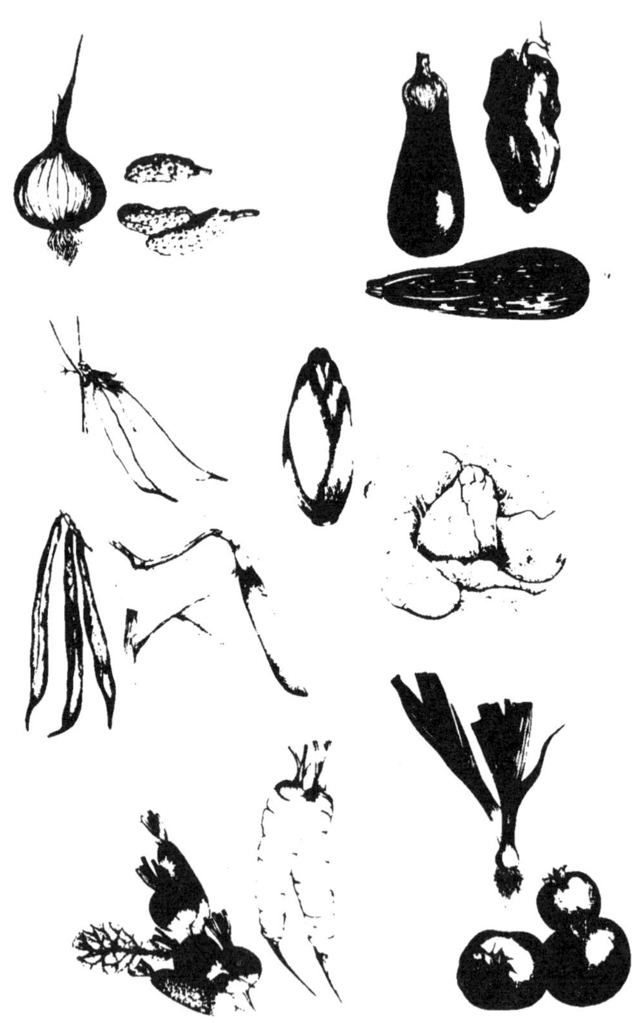

Otoño - Día 1

1. Comida

Menú:

- *Entrante:* zanahorias ralladas con sésamo (ver más abajo)
- *Plato principal:* puré Saint-Germain (ver otoño, día 13)
- *Postre:* pastel de limón (ver otoño, día 9)

Zanahorias ralladas con sésamo

INGREDIENTES: 500 g de zanahorias, perifollo fresco, 2 cucharadas soperas de zumo de limón, 3 cucharadas soperas de aceite de sésamo, 3 cucharadas soperas de sésamo completo, sal, pan de centeno, Nussa.

PREPARACIÓN: rallar las zanahorias y rociarlas con zumo de limón. Añadir la sal, el aceite y el sésamo mezclando cuidadosamente. Recubrir de perifollo fresco picado. Servir fresco con tostadas de pan centeno y el bote de Nussa en la mesa.

2. Cena

Menú:

- *Entrante:* cesta de frutas de la estación.
- *Plato principal:* crema de maíz (ver en la página siguiente)
- *Postre:* baba de miel (ver otoño, día 7)

Crema de maíz

INGREDIENTES: 2 buenas mazorcas de maíz fresco, 2 ramitas de cebolleta, 1 cucharadita de café de Plantamare, 2 yemas de huevos, 1 cucharada sopera de leche en polvo, pimienta rosa en grano, sal, perifollo, agua.

PREPARACIÓN: cocer las mazorcas de maíz, incluidas las hojas, en gran cantidad de agua ligeramente salada y durante 15 minutos. Escurrir, retirar las hojas y desgranar las mazorcas. Conservar 1 l de agua de cocción. Separar un bol pequeño de granos de maíz y triturar el resto hasta conseguir un puré. Verter este puré en el agua añadiendo el Plantamare. Batir las yemas de huevo y la leche, incorporar la mezcla al puré de maíz y cocer durante unos minutos a fuego lento evitando que hierva. Antes de servir, añadir en la sopera los granos de maíz restantes, el perifollo y la pimienta.

Otoño - Día 2

1. Comida

Menú:

- *Entrante:* ensalada Popeye (ver *op. cit.*, pág. 33)
- *Plato principal:* col rellena a la griega (ver *op. cit.*, pág. 95)
- *Postre:* pastel de nueces (ver más abajo)

Pastel de nueces

INGREDIENTES: 350 g de harina, 1 bolsita de levadura biológica, 100 g de nueces peladas, 80 g de azúcar moreno en polvo, 3 cucharadas soperas de aceite de girasol, 3 huevos, 1 zumo de naranja, 100 g de corteza de naranja confitada, 3 cucharadas soperas de jarabe de arce, crema de naranja y canela.

PREPARACIÓN: en un recipiente, batir y mezclar bien los ingredientes mencionados: huevos, azúcar, harina, jarabe de arce, aceite, levadura, zumo de naranja, corteza confitada cortada a tiras y nueces peladas y picadas. Trabajar bien la masa hasta que quede bien fina, verter en un molde para pastel enharinado y dejar reposar durante 20 minutos antes de introducir en el horno a fuego moderado (termostato 5). Cocer durante 40 minutos. Retirar del molde antes de que se enfríe y servir con una crema de naranja y canela.

2. Cena

Menú:

- *Entrante:* ensalada de remolachas crudas (ver *op. cit.*, pág.25)
- *Plato principal:* consomé de miso de cebada con crêpes (ver más abajo)
- *Postre:* pastel a las peras (ver *op. cit.*, pág. 135)

Consomé de miso de cebada con crêpes

INGREDIENTES: 1 huevo, 3 cucharadas soperas de leche, 3 cucharadas soperas de harina tipo 65, 1 cucharada sopera de aceite de girasol, 1 zanahoria, 1 cucharada sopera de miso de cebada, 1 cebolla, 2 algas kombu, 1 cucharada sopera de gomasio, sal, 1 l de agua.

PREPARACIÓN: preparar la masa de las crêpes batiendo conjuntamente la harina, el huevo, la leche, la sal y el aceite. Confeccionar 3 crêpes y cortarlas en tiras finas. Hervir durante 10 minutos y en 1 l de agua el miso, la zanahoria rallada, la cebolla y las algas kombu cortadas a tiras. Verter el consomé en 4 boles y recubrir con las tiras de crêpe y el gomasio. Servir caliente.

Otoño - Día 3

1. Comida

Menú:

- *Entrante:* alcachofas con queso
- *Plato principal:* setas a la bordelesa (ver más abajo)
- *Postre:* pastel Juliette (ver otoño, día 24)

Setas a la bordelesa

INGREDIENTES: 7 setas grandes, 2 chalotes, 4 ramitas de perejil, 1 cucharada sopera de aceite de oliva, 2 cucharadas soperas de arruruz, 2 cucharadas soperas de leche de soja en polvo, 200 g de arroz completo cocido, 50 g de Nussa, sal, agua.

PREPARACIÓN: cortar las setas a rodajas y saltearlas en una sartén con el aceite caliente. Añadir los chalotes picados muy finos y dejar cocer durante 8 minutos. Añadir sal y el perejil picado y retirar del fuego. Disolver el arruruz en dos boles de agua hirviendo y mezclar con la leche de soja en polvo y la sal. Recubrir las setas con esta bechamel. Disponer las setas en una bandeja honda con el arroz completo cocido en el centro. Servir con Nussa.

2. Cena

Menú:

- *Entrante:* rábanos con avellanas (ver otoño, día 10)
- *Plato principal:* gratén campesino de patatas (ver *op. cit.*, pág. 89)
- *Postre:* compota otoñal de manzanas (ver más abajo)

Compota otoñal de manzanas

INGREDIENTES: 4 buenas manzanas reinetas grises, 1 cucharada sopera de uvas pasas, 2 cáscaras de naranja, 1 cucharada sopera de avellanas frescas, 1 cucharada sopera de jarabe de arce, ¼ l de agua.

PREPARACIÓN: cortar las manzanas a cuartos y cocerlas a fuego lento en ¼ l de agua con las cáscaras de naranja. Disponer las manzanas en un molde para compota. En el jugo de cocción, añadir las uvas pasas, las avellanas cortadas en dos y el jarabe de arce. Rociar las manzanas con esta preparación. Servir tibio con tejas de naranja o pastas secas a la nuez de coco.

Otoño - Día 4

1. Comida

Menú:

- *Entrante:* sopas de otoño
- *Plato principal:* espaguetis al pesto (ver en la página siguiente)
- *Postre:* crema al limón (ver *op. cit.*, pág. 154)

Espaguetis al pesto

INGREDIENTES: 400 g de espaguetis de sémola completa, 2 cucharaditas de café de sal, 4 dientes de ajo, 60 g de piñones de pino, 50 g de requesón, 12 hojas de albahaca fresca, ¼ l de aceite de oliva, 4 l de agua.

PREPARACIÓN: en un mortero, machacar el ajo, los piñones y el queso y añadir el aceite, la sal y la albahaca. Presentar la mezcla en una salsera. Cocer los espaguetis durante 10 minutos en 4 l de agua hirviendo salada, removiendo a menudo. Escurrir los espaguetis que deben quedar ligeramente crujientes y servir muy caliente con la salsa.

2. Cena

Menú:

- *Entrante:* requesón Djerba (ver *op. cit.*, pág. 126)
- *Plato principal:* crema de apio nabo (ver *op. cit.*, pág. 16)
- *Postre:* pastel del Nilo (ver más abajo)

Pastel del Nilo

INGREDIENTES: 100 g de harina de arroz, 2 cucharadas soperas de arruruz, 50 g de uvas pasas, 2 cucharadas soperas de pistachos, 1 cucharada sopera de sésamo, 3 dientes de cardamomo, 1 l de leche, 80 g de azúcar moreno, 1 cucharada sopera de agua de rosas.

PREPARACIÓN: remojar las uvas en la leche durante 15 minutos. A continuación añadir 50 g de azúcar, la harina de arroz y el arruruz, mezclar bien y cocer a fuego lento sin parar de remover.

Cuando la mezcla haya adquirido una consistencia cremosa y suave, añadir los pistachos picados grandes, los granos de cardamomo picados y los granos de sésamo. Disponerlo todo en una bandeja para horno y espolvorear con el resto del azúcar. Gratinar durante 15 minutos. Una vez fuera del horno, dejar enfriar y servir rociado con el agua de rosas.

Otoño - Día 5

1. Comida

Menú:

- *Entrante:* «Pissaladiere» (ver *op. cit.*, pág. 52)
- *Plato principal:* maíz gratinado (ver más abajo)
- *Postre:* polvorones a la naranja (ver *op. cit.*, pág. 156)

Maíz gratinado

INGREDIENTES: 6 mazorcas de maíz dulce tierno, 3 puerros, 3 cebollas, 2 vasos de leche, 2 cucharadas soperas de harina tipo 65, 1 pizca de Herbamare, 2 huevos, 2 cucharadas soperas de pan rallado. *Salsa:* 1 cucharadita de café de páprika, 1 cucharadita de café de mostaza de puntas de ortiga, 1 cucharadita de café de miel, 1 cucharadita de café de vinagre de sidra, 1 cucharada sopera de puré de almendras dulces, 1 yema de huevo cruda, 2 vasos de agua, 1 pizca de curry.

PREPARACIÓN: hervir las mazorcas, escurrirlas y desgranarlas. Disponer los granos en una bandeja para horno, mezclándolos con los puerros y las cebollas cortados muy finos. En la batidora, mezclar la harina, la leche y el Herbamare e incorporar la mezcla al maíz. Hornear durante 20 minutos y a continuación espolvorear con pan rallado y volver a hornear durante 10 minutos más. Preparar la salsa en la batidora con todos los ingredientes calentando la harina al baño maría. Servir el gratinado dorado acompañado de la salsa.

2. Cena

Menú:

- *Entrante:* zumo casero de frutas frescas
- *Plato principal:* zanahorias de cabello de ángel (ver más abajo)
- *Postre:* pastel de manzanas y ciruelas (ver *op. cit.*, pág. 136)

Zanahorias de cabello de ángel

INGREDIENTES: 4 buenas zanahorias, 100 g de nueces peladas, ½ l de leche, 4 cucharadas soperas de harina tipo 65, 1 pizca de nuez moscada, tamari.

PREPARACIÓN: rallar las zanahorias y disponerlas en una bandeja para horno alternando las zanahorias y las nueces picadas. Preparar una salsa bechamel con la leche, la harina y la nuez moscada. Verter la salsa sobre las zanahorias y hornear durante 20 minutos. Comer caliente y rociado con tamari.

Otoño - Día 6

1. Comida

Menú:

- *Entrante:* crêpes rellenas al roquefort (ver en la página siguiente)
- *Plato principal:* coliflor a las almendras (ver *op. cit.*, pág. 68)
- *Postre:* polvorones a los arándanos (ver *op. cit.*, pág. 157)

Crêpes rellenas al roquefort

INGREDIENTES: 4 crêpes grandes (preparar 15 minutos antes), 1 rama de apio, 80 g de roquefort, 150 g de queso blanco escurrido, 3 huevos, 1 cucharada sopera de leche, 3 cucharadas soperas de uvas pasas, 4 ramitas de perejil, Herbamare.

PREPARACIÓN: preparar las crêpes y ponerlas entre dos platos para evitar que se sequen. Batir el queso blanco con las 2 yemas de huevo, el roquefort y una pizca de Herbamare. Añadir las uvas pasas y el apio picado muy fino. Batir las 3 claras a punto de nieve e incorporarlas al queso. Rellenar cada crêpe con la mezcla obtenida, enrollarlas y disponerlas en una bandeja de horno. Batir la yema del huevo restante con la cucharada de leche y verter sobre las crêpes. Hornear durante 20 minutos. Servir calientes y espolvoreadas con perejil fresco.

2. Cena

Menú:

- *Entrante:* crema de lechuga con sémola (ver más abajo)
- *Plato principal:* flan de calabaza (ver *op. cit.*, pág. 69)
- *Postre:* baba de miel (ver otoño, día 7)

Crema de lechuga con sémola

INGREDIENTES: 2 lechugas, 1 diente de ajo, 2 chalotes, 50 g de sémola fina de trigo duro, 1 cucharada sopera de puré de almendras, 1 nuez de Nusssa, tamari, 1 l de agua.

PREPARACIÓN: deshojar las lechugas, cortar las hojas y cocerlas en 1 l de agua salada durante algunos minutos. Triturar y volver a cocer durante 5 minutos añadiendo la sémola en forma de lluvia. En la sopera, mezclar el puré de almendras, el ajo y los chalotes picados con un poco de agua tibia. Incorporar la crema de lechuga caliente, mezclar bien y añadir el Nussa y un poco de tamari.

Otoño - Día 7

1. Comida

Menú:

- *Entrante:* rollitos de verduras (ver más abajo)
- *Plato principal:* mijo verde-verde (ver *op. cit.*, pág. 103)
- *Postre:* pastel de Grenoble (ver *op. cit.*, pág. 140)

Rollitos de verduras

INGREDIENTES: 10 hojas de col blanca, 2 zanahorias, 2 chalotes, 5 nueces frescas, 1 zumo de limón, 1 apio pequeño, 2 cucharadas soperas de tamari, 1 cucharada sopera de gomasio, 1 cucharada sopera de germen de soja, 1 cucharada sopera de germen de alfalfa, 1 cucharada sopera de vinagre de sidra, 1 cucharada sopera de aceite de girasol, sal, 1 pizca de jengibre en polvo, agua, berros, salsa de eneldo.

PREPARACIÓN: rallar las zanahorias y el apio sobre una ensaladera, añadir los chalotes picados, el zumo de limón, el vinagre, el aceite, la sal, el jengibre, las nueces picadas, el tamari y los gérmenes de cereales. Mezclar bien, cubrir e introducir en el refrigerador durante 1 hora. Blanquear las hojas de col durante 10 minutos en agua hirviendo salada. Escurrir y dejar enfriar. A continuación rellenar cada hoja con la preparación precedente. Enrollar las hojas y disponerlas sobre un lecho de berros, con salsa al eneldo servida aparte (ver *op. cit.*, pág. 182).

2. Cena

Menú:

- *Entrante:* ensalada «mouraret» (ver *op. cit.*, pág. 32)
- *Plato principal:* zanahorias caseras (ver *op. cit.*, pág. 64)
- *Postre:* baba de miel (ver más abajo)

Baba de miel

INGREDIENTES: 250 g de azúcar moreno, 125 g de harina tipo 65, 4 huevos, 2 cucharadas soperas de miel milflores, zumo de limón, 2 vasos de leche de coco, plátanos.

PREPARACIÓN: mezclar el azúcar y las yemas de huevo en un recipiente hasta obtener una crema blanquecina. A continuación, incorporar delicadamente las claras montadas a punto de nieve. Remover despacio a fin de obtener una crema muy fina. Verter en un molde e introducir en el horno durante 30 minutos a temperatura media. Retirar del molde al salir del horno. Con la ayuda de la batidora, mezclar la leche de coco, la miel y el zumo de limón. Rociar el pastel con esta mezcla varias veces hasta que quede bien mojado. Dejar macerar una noche. Servir con rodajas de plátano.

Otoño - Día 8

1. Comida

Menú:

- *Entrante:* ensalada de choucroute cruda (ver más abajo)
- *Plato principal:* setas a la bordalesa (ver otoño, día 3)
- *Postre:* pastel de nueces (ver otoño, día 2)

Ensalada de choucroute cruda

INGREDIENTES: 500 g de choucroute cruda, 1 cebolla, 2 manzanas reineta, 1 zanahoria, 2 cucharadas soperas de aceite de oliva, 1 cucharadita de café de gomasio, 1 cucharadita de café de tamari, sal, berros.

PREPARACIÓN: cortar la zanahoria, la cebolla y las manzanas en juliana y mezclar con la choucroute. Añadir el tamari, el gomasio, la sal y el aceite. Introducir en el refrigerador 15 minutos antes de servir espolvoreando con berros picados.

2. Cena

Menú:

- *Entrante:* cesta de frutas de la estación.
- *Plato principal:* copos de cereales en pudín (ver en la página siguiente)
- *Postre:* mousse de manzanas (ver otoño, día 12)

Copos de cereales en pudín

INGREDIENTES: 500 g de copos 5 cereales, 4 huevos, 1 pizca de sal, 1 pizca de macis, 1 l de leche, 50 g de queso comté rallado, 1 bol pequeño de salsa de los bosques (ver *op. cit.*, pág. 189)

PREPARACIÓN: batir la leche, los huevos, la sal y el macis y verter sobre los copos. Mezclar bien y dejar reposar durante 2 horas. Verter la preparación en una bandeja redonda para horno de manera que parezca una gran crêpe. Hornear durante 40 minutos y 5 minutos antes de finalizar la cocción, espolvorear con el comté rallado. Servir caliente y con la salsa de los bosques.

Otoño - Día 9

1. Comida

Menú:

- *Entrante:* bolas de roquefort (ver *op. cit.*, pág. 128)
- *Plato principal:* nabos con cardamomo (ver otoño, día 11)
- *Postre:* pastel de limón (ver más abajo)

Pastel de limón

INGREDIENTES: 150 g de harina tipo 65, 3 huevos, 150 g de azúcar moreno, 80 g de Vitaquell, 3 limones, ½ bolsita de levadura biológica, 100 g de cortezas de limón confitadas, 2 yogures, agua.

PREPARACIÓN: batir los huevos enteros con 100 g de azúcar. Cuando la mezcla haya adquirido una tonalidad blanquecina, incorporar la harina, la levadura, el Vitaquell y la cáscara de los 3 limones rallada. Mezclar bien y verter en un molde alto. Dejar reposar durante

30 minutos y a continuación hornear otros 30 minutos a temperatura media. Retirar del molde y cortarlo en dos mitades. Picar muy finas las cortezas de limón confitadas y mezclarlas con los yogures. Rellenar el pastel con esta preparación y unir las dos mitades. Rociar con el zumo de limón y 50 g de azúcar disueltos en un poco de agua.

2. Cena

Menú:

- *Entrante:* crema de berro (ver *op. cit.*, pág. 17)
- *Plato principal:* tortilla de nueces (ver más abajo)
- *Postre:* pastel de otoño (ver *op. cit.*, pág. 139)

Tortilla de nueces

INGREDIENTES: 6 cucharadas soperas de harina de trigo sarraceno, ¾ de vaso de leche, 4 cucharadas soperas de azúcar moreno, 60 g de nueces peladas, 3 huevos, 60 g de uvas pasas, 1 vaso de zumo de naranja, Nussa, aceite.

PREPARACIÓN: macerar las uvas pasas en el zumo de naranja. En un recipiente, batir las yemas de huevo y el azúcar y a continuación añadir, cucharada a cucharada, la harina de trigo sarraceno y finalmente la leche sin dejar de remover en toda la operación. Incorporar cuidadosamente las claras de huevo montadas a punto de nieve. Añadir las uvas pasas y las nueces peladas. Remover bien esta masa y verterla en una sartén ligeramente untada con aceite. Dejar cocer durante 10 minutos por cada lado dándole la vuelta con una espátula. Servir caliente con Nussa sobre la mesa.

Otoño - Día 10

1. Comida

Menú:

- *Entrante:* rábanos con avellanas (ver más abajo)
- *Plato principal:* flan de espinacas en trigo (ver *op. cit.*, pág.101)
- *Postre:* tarta a la inglesa (ver *op. cit.*, pág. 137)

Rábanos con avellanas

INGREDIENTES: 1 manojo de rábanos, 100 g de avellanas peladas, 1 cucharadita de café de granos de mostaza, 1 yogur, sal.

PREPARACIÓN: cortar los rábanos en forma de flor, haciendo 4 pétalos con la piel de la base del rábano, disponerlos en una bandeja redonda y recubrirlos con la mitad de las avellanas trituradas. Decorar con algunas hojas de rábano. Acompañar con una salsa preparada con la batidora, mezclando el yogur, los granos de mostaza, el resto de las avellanas y la sal.

2. Cena

Menú:

- *Entrante:* zanahorias ralladas a las uvas (ver *op. cit.*, pág. 38)
- *Plato principal:* sopa con setas secas (ver más abajo)
- *Postre:* ciruelas pasas rellenas (ver *op. cit.*, pág. 158)

Sopa con setas secas

INGREDIENTES: 100 g de setas secas, 1 cucharadita de café de Plantamare, 80 g de sémola de trigo, 1 chalote, 1 cucharada sopera de leche de soja, Herbamare, 1 l de agua.

PREPARACIÓN: cocer las setas secas en 1 l de agua durante 30 minutos con el Plantamare. Incorporar el chalote picado y añadir la sémola en forma de lluvia. Cocer de nuevo otros 10 minutos. Triturar al final de la cocción y servir muy caliente, añadiendo en el último momento, la leche de soja y una pizca de Herbamare.

Otoño - Día 11

1. Comida

Menú:

- *Entrante:* aguacates a la reina (ver *op. cit.*, pág. 36)
- *Plato principal:* nabos con cardamomo (ver más abajo)
- *Postre:* nidos merengados de moras (ver otoño, día 22)

Nabos con cardamomo

INGREDIENTES: 1 kg de nabos, 1 cucharada sopera de aceite de cacahuete, 3 dientes de cardamomo, 1 pizca de sal, 10 granos de pimienta rosa, 8 ñoquis (ver *op. cit.*, pág. 122).

PREPARACIÓN: cortar los nabos a dados y cocerlos con un poco de agua con la pimienta y el cardamomo machacados groseramente. Preparar los ñoquis y disponerlos en una bandeja con los nabos. Añadir sal y rociar con el aceite de cacahuete.

2. Cena

Menú:

- *Entrante:* zumo de zanahorias y manzanas
- *Plato principal:* puré rosado al huevo (ver en la página siguiente)
- *Postre:* pastel de albaricoques secos (ver otoño, día 14)

Puré rosado al huevo

INGREDIENTES: 500 g de patatas, 2 vasos de leche, el zumo de una remolacha cruda, 1 manojo de berros, 1 pizca de sal, 4 huevos, 4 trozos de Nussa, vinagre, agua.

PREPARACIÓN: preparar un puré con las patatas y la leche y mantenerlo caliente. En una sartén desecar ligeramente los berros y disponerlo en el centro de una bandeja. Incorporar la mitad del zumo de remolacha en el puré y remover bien: el puré adoptará una coloración rosada. Con una manga pastelera colocar el puré en forma de corona alrededor de los berros. Recubrir los berros con los huevos escalfados y el agua de vinagre. Rociar el puré con el resto de jugo de remolacha.

Otoño - Día 12

1. Comida

Menú:

- *Entrante:* flan de zanahorias con berros (ver en la página siguiente)
- *Plato principal:* arroz completo con crema de coliflor (ver otoño, día 25)
- *Postre:* pastel de limón (ver otoño, día 9)

Flan de zanahorias con berros

INGREDIENTES: 1 manojo de berros, 400 g de zanahorias, 1 cucharadita de café de Plantamare, 3 huevos, 2 Petit-suisse.

PREPARACIÓN: cocer las zanahorias con poca agua, blanquear los berros y a continuación preparar dos purés separadamente. Batir los huevos y los Petit-suisse e incorporarlos al puré de zanahorias junto al Plantamare. Verter este puré en un molde alto y a continuación el de berros. Cubrir con una hoja de papel de aluminio e introducir al horno al baño María durante 30 minutos. Dejar enfriar, extraer del molde y servir frío.

2. Cena

Menú:

- *Entrante:* zumo de manzana
- *Plato principal:* sopa de Ardéche (ver *op. cit.*, pág. 16)
- *Postre:* mousse de manzanas (ver más abajo)

Mousse de manzanas

INGREDIENTES: 4 manzanas reinetas grises, 3 Petit-suisse, 3 cucharadas soperas de nata líquida, 1 pizca de canela, 1 cucharada sopera de miel, ciruelas pasas o puré de albaricoques.

PREPARACIÓN: asar las manzanas enteras y con la piel al horno durante 30 minutos teniendo cuidado de que no exploten. Batir los Petit-suisse con la nata líquida y añadir la miel y la canela. Destapar las manzanas conservando la tapadera. Vaciarlas y triturar la pulpa añadiéndola a la preparación precedente, mezclando siempre muy bien. Rellenar las manzanas y tapar con la tapadera. Introducir en el congelador durante 1 hora. Decorar con una ciruela pasa o un puré de albaricoques.

Otoño - Día 13

1. Comida

Menú:
- *Entrante:* berro a la crema de almendras (ver *op. cit.*, pág. 27)
- *Plato principal:* puré Sant-Germain (ver más abajo)
- *Postre:* manzanas rellenas (ver *op. cit.*, pág. 133)

Puré Saint-Germain

INGREDIENTES: 200 g de trigo espelta, 300 g de guisantes majados, 200 g de azuquis. *Salsa:* 2 chalotes, 1 pizca de sal, 1 cucharadita de café de Plantamare, 1 vaso de zumo de tomate, 1 cucharada sopera de aceite de soja, 1 cucharada sopera de vinagre de jerez, 3 champiñones crudos.

PREPARACIÓN: el día anterior, macerar los guisantes y los azuquis. Cocer separadamente el trigo espelta, los guisantes y los azuquis. Preparar dos purés, uno con los guisantes y otro con los azuquis. En una bandeja redonda, colocar el trigo espelta en el centro, después el puré de azuquis alrededor (utilizar una manga) y, finalmente, el puré de guisantes. Tapar y mantener caliente en el horno a fin de que no se seque. Preparar la salsa con la batidora, mezclando todos los ingredientes. Cubrir con la salsa en el momento de servir.

2. Cena

Menú:
- *Entrante:* lechuga de las islas (ver en la página siguiente)
- *Plato principal:* pasta a la bresana (ver *op. cit.*, pág. 120)
- *Postre:* pastel oriental (ver *op. cit.*, pág. 141)

Lechuga de las islas

INGREDIENTES: 1 buena lechuga, 2 plátanos medianos, 3 filamentos de azafrán, 3 cucharadas soperas de aceite de sésamo, 3 pistachos, zumo de limón.

PREPARACIÓN: disponer 4 hojas grandes de lechuga sobre la base de una ensaladera y recubrir con el resto de las hojas mezcladas con los plátanos cortados a rodajas. Preparar la salsa con la batidora mezclando todos los ingredientes y verterla sobre la ensalada en el momento de servir.

Otoño - Día 14

1. Comida

Menú:

- *Entrante:* queso blanco fresco al prado verde (ver más abajo)
- *Plato principal:* polenta (ver *op. cit.*, pág. 108)
- *Postre:* soufflé de avellanas y naranjas (ver *op. cit.*, pág. 149)

Queso blanco fresco al prado verde

INGREDIENTES: 3 quesos blancos frescos, 1 cucharadita de café de Herbamare, 2 yemas de huevo duro, 4 buenas hojas de espinacas crudas, 6 nueces frescas.

PREPARACIÓN: con la batidora, mezclar bien los quesos blancos, las hojas de espinacas y el Herbamare. A continuación, batir incorporando al mismo tiempo las nueces peladas y picadas. Verter en copas individuales y recubrir con las yemas de huevo machacadas con el tenedor.

2. Cena

Menú:

- *Entrante:* ensalada de remolachas crudas (ver *op. cit.*, pág. 25)
- *Plato principal:* sopa de Ardèche (ver *op. cit.*, pág. 16)
- *Postre:* pastel de albaricoques secos (ver más abajo)

Pastel de albaricoques secos

INGREDIENTES: 250 g de peras, 200 g de albaricoques secos, 10 nueces de cajú, 200 g de harina tipo 65, 150 g de Vitaquell, 1 huevo, 100 g de azúcar moreno, 1 vaso de zumo de peras, 1 pizca de vainilla.

PREPARACIÓN: cocer ligeramente los albaricoques en el zumo de peras. Picar las nueces de cajú con el cuchillo. Amasar la harina, el Vitaquell, el huevo y el azúcar. Con los dos tercios de la masa cubrir un molde para tarta. Disponer encima de la masa las peras cortadas a rodajas, los albaricoques y las nueces de cajú. Espolvorear con vainilla y tapar con el resto de la masa que picaremos con la punta de un tenedor. Hornear a fuego lento durante 40 minutos. Servir frío o tibio.

Otoño - Día 15

1. Comida

Menú:

- *Entrante:* ensalada de judías verdes fin de estación (ver otoño, día 19)
- *Plato principal:* tarta de puerros (ver en la página siguiente)
- *Postre:* soufflé de almendras al natural (ver *op. cit.*, pág. 147)

Tarta de puerros

INGREDIENTES: 150 g de masa para tarta quebrada (ver *op. cit.*, pág. 169), 2 puerros, 3 huevos, ½ vaso de leche, sal, 100 g de mijo cocido, 1 cucharadita de café de Dakatine, 10 cacahuetes, 1 cucharada sopera de pan rallado.

PREPARACIÓN: preparar la masa de tarta y rellenar con ella un molde. Cortar los puerros en finas rodajas, espolvorearlos con el pan rallado y mezclarlos con el mijo cocido. Disponer la mezcla sobre el fondo de la tarta. Mezclar los huevos, la leche, la Dakatine, y la sal, verter sobre la tarta y disponer los cacahuetes por encima. Introducir en el horno durante 25 minutos (termostato 5). Servir recién salido del horno.

2. Cena

Menú:

- *Entrante:* zanahorias ralladas (ver *op. cit.*, pág. 37)
- *Plato principal:* crema de maíz (ver otoño, día 1)
- *Postre:* flan de uvas (ver más abajo)

Flan de uvas

INGREDIENTES: 400 g de uvas moscatel, 3 huevos, ½ l de leche, 50 g de harina de arroz, 100 g de azúcar en polvo, ½ cucharadita de café de polvo de vainilla, 1 cucharada sopera de harina, hojas de parra.

PREPARACIÓN: con la batidora mezclar los huevos, el azúcar, la harina de arroz, la leche y la vainilla. Batir durante un buen rato y verter en un molde alto. Espolvorear las uvas con la harina e incorporarlas al flan. Introducir en el horno caliente durante 40 minutos. Servir tibio decorando con las hojas de parra.

Otoño - Día 16

1. Comida

Menú:

- *Entrante:* requesón Djerba (ver *op. cit.*, pág. 126)
- *Plato principal:* verduras al estilo Ceres (ver más abajo)
- *Postre:* gratén de manzanas a la leche de almendras (ver *op. cit.*, página 152)

Verduras al estilo Ceres

INGREDIENTES: 400 g de bulgur, 2 puerros, 50 g de mojardones, 3 cebollas, 3 zanahorias, 2 nabos, 1 cucharadita de café de flores de tomillo. *Salsa:* 3 cucharadas soperas de aceite de oliva, 3 aceitunas negras, 1 cucharada sopera de tamari.

PREPARACIÓN: cortar todas las verduras en pequeños trozos y cocerlas al vapor. Cocer separadamente los mojardones y el bulgur. Preparar la salsa con la batidora mezclando todos los ingredientes. En una bandeja redonda, disponer el bulgur en el centro y los mojardones encima. Rodear el bulgur con las verduras y rociar con la salsa. Espolvorear con el tomillo.

2. Cena

Menú:

- *Entrante:* uvas moscatel sorpresa (ver otoño, día 20)
- *Plato principal:* castañas a la campesina (ver en la página siguiente)
- *Postre:* compota de peras al natural

Castañas a la campesina

INGREDIENTES: 500 g de castañas, 300 g de queso fresco, 1 pan de centeno, 2 cucharadas soperas de queso de cabra o de requesón, 3 dientes de ajo, 1 lechuga.

PREPARACIÓN: rajar las castañas y asarlas en una sartén de agujeros o al horno. Pelarlas y cortarlas groseramente. Batir todos los quesos y mezclarlos con las castañas. Verter sobre un lecho de hojas de lechuga y servir con las rebanadas de pan de centeno frotadas con ajo.

Otoño - Día 17

1. Comida

Menú:

- *Entrante:* ensalada de champiñones (ver *op. cit.*, pág. 40)
- *Plato principal:* cebada de la ardilla (ver *op. cit.*, pág. 106)
- *Postre:* mousse suprema (ver más abajo)

Mousse suprema

INGREDIENTES: 1 barra de chocolate negro para fundir, 1 cucharada sopera de avellanas confitadas, 10 avellanas, 10 nueces peladas, 1 cucharada sopera de Délica, 4 huevos, algunas avellanas para la decoración.

PREPARACIÓN: fundir el chocolate, el Délica y el confite al baño María. Añadir las yemas de huevo y las nueces y las avellanas picadas muy finas. Mezclar bien hasta formar una pasta fina. Montar las claras a punto de nieve e incorporarlas lentamente a la pasta con la ayuda de una espátula. Verter en copas individuales e introducir en el refrigerador. Decorar con las avellanas enteras.

2. Cena

Menú:

- *Entrante:* sopa de otoño
- *Plato principal:* mazorcas de maíz a las finas hierbas (ver más abajo)
- *Postre:* crema al almíbar de arce (ver *op. cit.*, pág. 153)

Mazorcas de maíz a las finas hierbas

INGREDIENTES: 8 mazorcas pequeñas de maíz tierno, 4 cucharadas soperas de aceite de oliva, 1 chalote, ½ cucharadita de café de polvo de las siguientes especias: perifollo, estragón, perejil, mejorana, ajedrea, aceitunas negras.

PREPARACIÓN: deshojar las mazorcas y cocerlas al vapor durante 15 minutos. Preparar la salsa con la batidora mezclando todos los ingredientes. Cortar las mazorcas cocidas a rodajas bastante gruesas y disponerlas sobre un lecho de hojas de maíz. Cubrir con la salsa y decorar con las aceitunas negras.

Otoño - Día 18

1. Comida

Menú:

- *Entrante:* lechuga rizada océano (ver en la página siguiente)
- *Plato principal:* arroz al ajo (ver *op. cit.*, pág. 110)
- *Postre:* genovesa (ver *op. cit.*, pág. 150)

Lechuga rizada océano

INGREDIENTES: 1 lechuga rizada, 2 cucharadas soperas de hiziquis, 2 wakamés, 1 yogur, 2 zumos de naranja, sal, la corteza de una naranja.

PREPARACIÓN: macerar en el zumo de naranja, y durante dos horas, los hiziquis y los wakamés cortados a rodajas. Rallar la corteza de naranja y mezclarla con el yogur batido con sal. Cortar la lechuga muy fina y disponerla en una ensaladera. Recubrirla con el yogur y las algas. Mezclarlo todo bien.

2. Cena

Menú:

- *Entrante:* crema de cebada (ver más abajo)
- *Plato principal:* zanahorias al sésamo (ver *op. cit.*, pág. 63)
- *Postre:* bolas de nieve (ver *op. cit.*, pág. 156)

Crema de cebada

INGREDIENTES: 50 g de crema de cebada, 40 g de Nussa, 1 bolsita de mugimiso, 2 yemas de huevo, 1 cucharada sopera de puré de almendras, 1 pizca de sal.

PREPARACIÓN: llevar a ebullición 1 l de agua con el mugimiso. Echar en forma de lluvia la crema de cebada batiendo enérgicamente, a continuación dejar cocer durante algunos minutos. En la sopera, batir las yemas de huevo, el puré de almendras y la sal. Verter la sopa por encima. Añadir el Nussa y servir bien caliente.

Otoño - Día 19

1. Comida

Menú:

- *Entrante:* ensalada de judías verdes fin de estación (ver más abajo)
- *Plato principal:* arroz integral campesino (ver *op. cit.*, pág. 111)
- *Postre:* pastel de Grenoble (ver *op. cit.*, pág. 140)

Ensalada de judías verdes fin de estación

INGREDIENTES: 500 g de judías verdes, 1 cucharada colmada de almendras peladas, ½ diente de ajo, 2 cucharadas soperas de aceite de carthame, 1 zumo de limón, 1 cucharada sopera de leche de soja sin azúcar.

PREPARACIÓN: hervir las judías durante 7 minutos, escurrirlas y dejarlas enfriar. Preparar una salsa con la batidora mezclando todos los ingredientes. Verter la salsa sobre las judías. Remover bien y servir 20 minutos más tarde.

2. Cena

Menú:

- *Entrante:* piña de las montañas (ver *op. cit.*, pág. 131)
- *Plato principal:* tarta a la cebolla (ver *op. cit.*, pág. 51)
- *Postre:* pastel de plátano (ver en la página siguiente)

Pastel de plátano

INGREDIENTES: 3 rodajas de pan semicompleto, 4 plátanos, 2 vasos de leche, 2 huevos, 3 cucharadas soperas de azúcar, el zumo de un limón, 2 cucharadas soperas de jarabe de arce, 1 punta de canela, crema inglesa.

PREPARACIÓN: remojar el pan en la leche con la canela durante 15 minutos. Machacar los plátanos con un tenedor junto con los huevos batidos y el azúcar y mezclarlos con el pan mojado. Rociar con el zumo de limón. Verter el jarabe de arce en la base de un molde y la preparación anterior por encima. Cocer durante 35 minutos a fuego lento. Dejar enfriar y retirar del molde. Servir con una crema inglesa.

Otoño - Día 20

1. Comida

Menú:

- *Entrante:* ensaladilla rusa (ver más abajo)
- *Plato principal:* puré sorpresa (ver *op. cit.,* pág. 79)
- *Postre:* mousse de ciruelas pasas (ver*op. cit.,* pág. 146).

Ensaladilla rusa

INGREDIENTES: 1 zanahoria, 100 g de coliflor, 6 aceitunas negras, 50 g de habichuelas cocidas, 50 g de soja verde cocida, 1 escarola pequeña, ¼ l de mayonesa (ver *op. cit.,* pág. 177), 2 huevos duros.

PREPARACIÓN: cocer separadamente las judías y la soja. Disponer la escarola en una ensaladera y sobre ella la zanahoria rallada, la coliflor, las habichuelas y la soja. Verter la mitad de la mayonesa y remover. Disponer encima los huevos cortados en dos y cubrir con el resto de la mayonesa. Decorar con las aceitunas negras.

2. Cena

Menú:

- *Entrante:* uvas moscatel sorpresa (ver más abajo)
- *Plato principal:* boneteva rellenos
- *Postre:* pastel de peras y albaricoques secos (ver *op. cit.*, pág. 136)

Uvas moscatel sorpresa

INGREDIENTES: 4 buenos racimos de uvas moscatel, 1 clara de huevo, 1 cucharada sopera de azúcar moreno, 2 cucharadas soperas de avellanas trituradas, hojas de parra.

PREPARACIÓN: empapar los granos de uva, uno a uno, en la clara de huevo montada a punto de nieve y a continuación rodearlos con una mezcla de azúcar y avellanas trituradas. Disponer los granos de uva sobre una plancha y cubrirlos con una hoja de papel de aluminio. Introducir en el horno a fuego lento durante algunos minutos. Servir tibio sobre un lecho de hojas de parra.

Otoño - Día 21

1. Comida

Menú:

- *Entrante:* hinojos a la salsa rosa (ver *op. cit.*, pág. 42)
- *Plato principal:* escalopas de mijo (ver más abajo)
- *Postre:* mousse de manzanas (ver otoño, día 12)

Escalopas de mijo

INGREDIENTES: 200 g de mijo, 1 chalote, 1 diente de ajo, 1 pizca de macis, 1 cucharada sopera de sésamo completo, 2 cucharadas soperas de aceite de sésamo, 1 pizca de curry, 1 huevo, 50 g de harina, tamari.

PREPARACIÓN: cocer el mijo y escurrirlo. Cortar el ajo y el chalote. En un plato hondo batir el huevo, la sal, el curry, el macis, el ajo y el chalote. Añadir el mijo y el aceite y mezclar bien. Con esta masa elaborar unas galletas planas y enharinarlas. Disponer sobre una bandeja y dorarlas al horno durante 10 minutos por cada lado. Servir caliente con el tamari sobre la mesa.

2. Cena

Menú:

- *Entrante:* cesta de frutas de la estación
- *Plato principal:* croquetas de soja a la alemana (ver en la página siguiente)
- *Postre:* flan de uvas (ver otoño, día 15)

Croquetas de soja a la alemana

INGREDIENTES: 3 manzanas reinetas grises, 4 patatas grandes, 5 cebollas, 8 Sojanelles, 1 cucharada sopera de azúcar terciado, 1 cucharada sopera de vinagre de Jerez, 30 g de Nussa, sal.

PREPARACIÓN: preparar una mermelada con las manzanas y la mitad del azúcar terciado. Preparar un puré con las patatas. Preparar un puré de cebollas con el resto del azúcar terciado y el vinagre. Asar las Sojanelles al horno y disponerlas sobre una bandeja junto a los tres purés calientes. Añadir sal y repartir el Nussa sobre los purés.

Otoño - Día 22

1. Comida

Menú:

- *Entrante:* alcachofas a la forestal
- *Plato principal:* puerros con salsa de mejorana (ver más abajo)
- *Postre:* gratén de manzanas a la leche de almendras (ver *op. cit.*, página 152)

Puerros con salsa de mejorana

INGREDIENTES: 150 g de cebada mondada, 4 puerros. *Salsa:* 3 yemas de huevo, el zumo de un limón, 100 g de Nussa, 1 cucharada sopera de puré de almendras, 1 cucharada sopera de mejorana fresca o seca, sal.

PREPARACIÓN: cortar los puerros en rodajas y cocerlos con poca agua. Cocer la cebada y disponerla alrededor de los puerros situados en el centro de una bandeja. Cubrir con la salsa preparada con la batidora con todos los ingredientes.

2. *Cena*

Menú:

- *Entrante:* Raïta con zanahorias
- *Plato principal:* crema de copos de maíz (ver *op. cit.*, pág. 102)
- *Postre:* nidos merengados de moras (ver más abajo)

Nidos merengados de moras

INGREDIENTES: 225 g de azúcar moreno en polvo, 12 cl de claras de huevo (utilizar un vaso medidor), 1 pizca de vainilla en polvo, 3 cucharadas soperas de avellanas trituradas, 400 g de moras frescas, 1 cucharada sopera de polvo de avellanas, aceite.

PREPARACIÓN: batir las claras de huevo a punto de nieve y a continuación incorporar progresivamente el azúcar, el polvo de avellanas y la vainilla. Engrasar con el aceite una bandeja y recubrirla con papel de aluminio. Con una manga de pastelero, dibujar círculos en forma de nido con la preparación precedente. Introducir en el horno a fuego muy lento durante 1 hora 30 minutos. Dejar enfriar. Pasar las moras por agua durante 5 minutos y rellenar con ellas los nidos. Espolvorear con las avellanas trituradas.

Otoño - Día 23

1. Comida

Menú:

- *Entrante:* hojaldres de zanahorias (ver más abajo)
- *Plato principal:* cuscús al horno (ver *op. cit.*, pág. 101)
- *Postre:* mousse suprema (ver otoño, día 17)

Hojaldres de zanahorias

INGREDIENTES: 300 g de pasta quebrada, 1 huevo, 3 zanahorias, 3 mojardones, ¼ l de bechamel, orégano, sal, 4 aceitunas negras.

PREPARACIÓN: disponer las pasta quebrada en forma de rectángulo, cortarla en cuatro y rallarla con la punta de un cuchillo. Pintar con la yema de huevo y hornear durante 20 minutos. Cocer las zanahorias ralladas y los mojardones picados y a continuación añadir la bechamel (ver *op. cit.*, pág. 180), la sal y el orégano. Extraer el hojaldre del horno. Partirlos en dos, rellenarlos con la preparación y cerrarlos de nuevo. Decorar con las aceitunas.

2. Cena

Menú:

- *Entrante:* ensalada otoñal de col lombarda (ver en la página siguiente)
- *Plato principal:* tarta a la cebolla (ver *op. cit.*, pág. 51)
- *Postre:* crema de puerros

Ensalada otoñal de col lombarda

INGREDIENTES: 400 g de col lombarda, 1 manzana reineta, el zumo de un limón, 50 g de nueces picadas, 5 castañas asadas, 50 g de avellanas picadas. *Salsa:* 3 cucharadas soperas de aceite de nuez, 2 cucharadas soperas de vinagre de sidra, 3 uvas pasas, 1 cucharada sopera de nata líquida, sal.

PREPARACIÓN: cortar la col a tiras y la manzana a trozos, rociarlas de limón y a continuación disponerlas en una ensaladera junto a las castañas cortadas grandes, las nueces y las avellanas. Mezclar todo bien y recubrir con la salsa preparada con la batidora mezclando todos los ingredientes.

Otoño - Día 24

1. Comida

Menú:

- *Entrante:* zanahorias ralladas con sésamo (ver otoño, día 1)
- *Plato principal:* espaguetis al pesto (ver otoño, día 4)
- *Postre:* Pastel Juliette (ver más abajo)

Pastel Juliette

INGREDIENTES: 300 g de muesli, 4 plátanos maduros, 100 g de harina tipo 65, 100 g de azúcar moreno, 5 cucharadas soperas de nuez de coco rallada, ½ l de crema inglesa, ½ cucharadita de café de canela, 250 g de Vitaquell, crema inglesa.

PREPARACIÓN: cortar los plátanos a rodajas y espolvorearlos con la canela y la nuez de coco. A parte, mezclar el Vitaquell molido, la harina, el muesli y 50 g de azúcar, amasando bien la mezcla entre las manos. Tapizar el fondo de un molde redondo un poco alto con el azúcar, los plátanos y el muesli, por este orden. Tapar con papel de aluminio e introducir en el horno durante 25 minutos. Retirar el papel y hornear 10 minutos más. Dejar enfriar y retirar del molde dejando los plátanos a la vista. Servir con la crema inglesa.

2. Cena

Menú:

- *Entrante:* rábanos negros marroquís (ver más abajo)
- *Plato principal:* patatas sorpresa (ver *op. cit.*, pág. 78)
- *Postre:* pastel de albaricoques secos (ver otoño, día 14)

Rábanos negros marroquís

INGREDIENTES: 2 buenos rábanos negros, 1 naranja, el zumo de un limón, 1 cucharadita de café de azúcar terciado, Valdivia, sal, picatostes.

PREPARACIÓN: pelar los rábanos y cortarlos a dados. Mezclar con la naranja cortada a trozos y el zumo de limón. Añadir sal, azúcar y verter en copas individuales. Servir con picatostes.

Otoño - Día 25

1. Comida

Menú:

- *Entrante:* pomelos sorpresa (ver *op. cit.*, pág. 133)
- *Plato principal:* arroz completo con crema de coliflor (ver en la página siguiente)
- *Postre:* pastel de plátano (ver otoño, día 19)

Arroz completo con crema de coliflor

INGREDIENTES: 1 coliflor grande, ½ cucharadita de café de filamentos de azafrán, 3 cucharadas soperas de leche en polvo, sal, 1 cucharada sopera de arruruz, 200 g de arroz completo, sésamo, ½ l de agua.

PREPARACIÓN: cocer separadamente el arroz y la coliflor. A continuación, y con la ayuda de la batidora, triturar la coliflor con ½ l de agua, el azafrán, el arruruz y la leche en polvo. Añadir sal y mantener caliente al baño María. Disponer el arroz en forma de corona sobre una bandeja y verter en el centro la crema de coliflor. Decorar con sésamo.

2. Cena

Menú:

- *Entrante:* ensalada de champiñones (ver *op. cit.*, pág. 40)
- *Plato principal:* tarta de copos de cebada (ver más abajo)
- *Postre:* compota de peras y manzanas al natural.

Tarta de copos de cebada

INGREDIENTES: pasta quebrada hecha con 200 g de harina completa, 100 g de copos de cebada, 2 chalotes, 1 queso blanco, 2 huevos, 50 g de queso comté, sal, nuez moscada.

PREPARACIÓN: introducir los copos de cebada en la mezcla formada por queso blanco batido, queso comté, huevos, chalotes, sal y nuez moscada. Tapizar la base de un molde con la pasta quebrada preparada con los 200 g de harina (ver *op. cit.*, pág. 169). Verter la preparación precedente sobre la masa. Hornear durante 20 minutos, espolvorear con queso comté y hornear de nuevo otros 5 minutos. Servir muy caliente.

4 Menús y recetas de invierno

Invierno - Día 1

1. Comida

Menú:

- *Entrante:* champiñones crudos a la crema (ver *op. cit.*, pág. 40)
- *Plato principal:* arroz completo con verduras (ver más abajo)
- *Postre:* mousse a los pistachos (ver *op. cit.*, pág. 146)

Arroz completo con verduras

INGREDIENTES: 400 g de arroz completo, 2 puerros, 2 zanahorias, 3 chalotes, 1 nabo, 1 hinojo, 1 pizca de cúrcuma, 1 cucharada sopera de Plantamare, 50 g de aceitunas negras, aceite de germen de maíz, 1 pizca de sal, perejil seco.

PREPARACIÓN: enjuagar el maíz y cocerlo. Al cabo de 15 minutos, añadir las verduras cortadas y dejar cocer durante 15 minutos más. Dejar crecer. Antes de servir, añadir el Plantamare, la cúrcuma, la sal y un chorrito de aceite. Decorar con el perejil y las aceitunas.

2. Cena

Menú:

- *Entrante:* remolachas Fátima (ver *op. cit.*, pág. 36)
- *Plato principal:* puré de calabaza con lentejas (ver en la página siguiente)
- *Postre:* mousse de plátanos (ver *op. cit.*, pág. 145)

Puré de calabaza con lentejas

INGREDIENTES: 1,5 kg de calabaza, 200 g de lentejas verdes, 1 pizca de teca, 1 cucharada de gomasio, 2 cucharadas de granos de sésamo, hojas de berro, ½ cucharada de Plantamare.

PREPARACIÓN: cocer primero la calabaza y escurrirla. En el agua de cocción de la calabaza, cocer las lentejas. Triturar el conjunto y a continuación añadir la teca, el gomasio y el Plantamare. Presentar este puré espeso en forma de panes sobre un lecho de hojas de berro. Espolvorear con sésamo.

Invierno - Día 2

1. Comida

Menú:

- *Entrante:* choucroute a la polaca (ver *op. cit.*, pág. 41)
- *Plato principal:* gratén de mijo (ver *op. cit.*, pág. 88)
- *Postre:* pastel de higos (ver más abajo)

Pastel de higos

INGREDIENTES: 600 g de higos negros, 4 cucharadas soperas de harina, 8 cucharadas soperas de azúcar, 3 huevos, 2 tazas de leche, 1 pizca de vainilla, grasa vegetal, nuez de coco rallada.

PREPARACIÓN: disponer los higos en una bandeja para gratinar previamente untada con la grasa vegetal y espolvoreada con harina. Calentar el horno a 220° C (termostato 7). Con la ayuda de la batidora, mezclar la harina, los huevos (uno a uno), la leche, el azúcar y la vainilla. Verter la mezcla sobre los higos. Introducir en el horno durante 45 minutos. Servir tibio o frío, espolvoreando generosamente con nuez de coco.

2. cena

Menú:

- *Entrante:* sopa Parmentier (ver más abajo)
- *Plato principal:* puerros al pan rallado (ver *op. cit.*, pág. 75)
- *Postre:* plátanos al coco (ver *op. cit.*, pág. 132)

Sopa Parmentier

INGREDIENTES: 400 g de patatas, 2 puerros, 1 cebolla, ¾ l de agua, 1 pizca de sal, 1 pizca de nuez moscada, 1 vaso de leche, 1 yema de huevo, 1 cucharada sopera de puré de almendras, perejil seco.

PREPARACIÓN: lavar, pelar y cocer las patatas y reducirlas a puré. Mientras tanto, rehogar los puerros y las cebollas cortados a rodajas finas hasta que estén tiernos. En una sopera, mezclar el puré caliente, las verduras y añadir la leche caliente en la cual habremos diluido el huevo, el puré de almendras, la sal y la nuez moscada. Batir el conjunto y decorar con perejil.

Invierno - Día 3

1. Comida

Menú:

- *Entrante:* quiche de champiñones (ver en la página siguiente)
- *Plato principal:* pasta al huevo (ver *op. cit.*, pág. 119)
- *Postre:* gratén de manzanas a la leche de almendras (ver *op. cit.*, página 152)

Quiche de champiñones

INGREDIENTES: 200 g de harina de trigo tipo 80, 1 cucharada colmada de Nussa, 400 g de champiñones, 1 cebolla, 3 huevos, 250 g de nata líquida, 1 taza de leche, 1 pizca de macis, 1 pizca de sal, 1 puñado de Plantaron, 1 pizca de cebolleta en polvo.

PREPARACIÓN: proceder a la preparación de la masa según mi receta. Tapizar un molde de quiche de 30 cm, picar el fondo con la punta de un tenedor y hornear a fuego medio durante 10 minutos. Cortar los champiñones y la cebolla en rodajas finas y disponerlas sobre la pasta precocinada. Batir cuidadosamente la leche, los huevos, la nata líquida y las hierbas y recubrir las verduras con la preparación. Hornear durante 30 minutos. Servir caliente y espolvorear con cebolleta en polvo.

2. Cena

Menú:

- *Entrante y plato principal:* empanadillas de col (ver más abajo)
- *Postre:* manzanas rellenas (ver *op. cit.*, pág. 133)

Empanadillas de col

INGREDIENTES: 1 kg de col, 3 cebollas, 3 huevos duros, 3 cucharadas de semillas de alcaravea, 1 pizca de eneldo, 1 pizca de sal, 1 pizca de azúcar, 2 yemas de huevo (para dorar) y 600 g de pasta quebrada según mi receta.

PREPARACIÓN: cortar la col a tiras retirando las nervaduras de las hojas. Cortar las cebollas en rodajas. Dejar hervir a fuego lento removiendo a menudo. Calentar el horno a 180° C. Preparar la masa y separarla en dos partes bastante finas. Cuando la col esté cocida, dejarla enfriar y, a continuación, añadir los huevos duros cortados a trozos, la alcaravea, el eneldo, la sal y el azúcar. Disponer la mezcla sobre un lecho de masa y cubrir con la masa restante. Cerrar los extremos. Pintar con huevo y hornear durante 30 minutos.

Invierno - Día 4

1. Comida

Menú:

- *Entrante:* aguacates a la mayonesa (ver *op. cit.*, pág. 36)
- *Plato principal:* polenta gratinada rellena (ver más abajo)
- *Postre:* crema al limón (ver *op. cit.*, pág. 154)

Polenta gratinada rellena

INGREDIENTES: 2 l de agua, 400 g de sémola de maíz, 250 g de Soyavit (soja deshidratada), 7 quesos de cabra secos rallados, 600 g de zanahorias, 1 pizca de azafrán, sal, berros.

PREPARACIÓN: llevar el agua a ebullición y retirar del fuego para añadir, en forma de lluvia y removiendo con fuerza, la sémola de maíz. Cocer durante 5 minutos y dejar crecer. Cocer las zanahorias y reducirlas a puré. En una bandeja honda rectangular, disponer capas sucesivas de: polenta, puré de zanahorias, Soyavit (previamente hidratado), espolvorear con queso rallado y repetir una nueva sucesión de capas idéntica a la anterior. Hornear a 200° C durante 20 minutos. Comer caliente o frío adornado con hojas de berro.

2. Cena

Menú:

- *Entrante:* tarrina de verduras del océano (ver más abajo)
- *Plato principal:* quiche de cereales (ver *op. cit.*, pág. 116)
- *Postre:* soufflé de avellanas y naranjas (ver *op. cit.*, pág.149)

Tarrina de verduras del océano

INGREDIENTES: para la *gelatina:* 4 barras de agar-agar, 1 l de agua (o de caldo de verduras), 1 punta de Plantamare. Para la *tarrina:* 1 tarro de paté vegetal, 200 g de espinacas, 3 puerros pequeños, 200 g de zanahorias, 50 g de piñones de pino (o de pistachos), sal, pimienta verde (o rosa), 1 lechuga.

PREPARACIÓN: cortar las verduras a dados y cocerlas al vapor. Escurrirlas bien para evitar que la tarrina contenga demasiada agua. Preparar la gelatina mezclando el agar-agar y el Plantamare en agua hirviendo. Dejar hervir durante 1 minuto y verter la mitad de esta preparación, todavía líquida, en una tarrina que se introducirá en el refrigerador (para que la gelatina solidifique). Disponer de manera decorativa las verduras bien escurridas, los piñones y el paté vegetal cortado a rodajas (medallones) sobre la gelatina ya endurecida. Añadir la pimienta y la sal y recubrir con el resto de la gelatina todavía líquida (mantenida tibia para que no se solidifique). Dejar enfriar toda una noche. Presentar la tarrina cortada a lonchas sobre un lecho de hojas de ensalada. Acompañar si se desea con un puré de verduras frío.

Invierno - Día 5

1. Comida

Menú:

- *Entrante:* gratinado de cítricos (ver más abajo)
- *Plato principal:* champiñones a la favorita (ver *op. cit.*, pág. 67)
- *Postre:* pastel de El Cairo (ver *op. cit.*, pág. 139)

Gratinado de cítricos

INGREDIENTES: 4 naranjas, 2 pomelos, 2 limones, 1 lima, 1 bol de puré de moras.

PREPARACIÓN: pelar cuidadosamente todas las frutas eliminando bien la piel blanca. Cortar las frutas a rodajas finas y disponerlas a capas alternas, en una bandeja de servicio que soporte el horno. Introducir en el horno tibio de 10 a 15 minutos. Al salir del horno, cubrir con el puré de moras y decorar con algunas rodajas de frutas que se habrá reservado previamente.

2. Cena

Menú:

- *Entrante:* sopa relámpago (ver en la página siguiente)
- *Plato principal:* albóndigas de patata
- *Postre:* tostada criolla (ver *op. cit.*, pág. 154)

Sopa relámpago

INGREDIENTES: 1,5 l de agua, ¼ l de leche de soja sin azúcar, 1 cucharada de gomasio, 1 cucharadita de café de teca, 1 taza de hiziquis, 200 g de zanahorias ralladas crudas, 1 pizca de sal.

PREPARACIÓN: hervir el agua con los hiziquis y añadir las zanahorias ralladas. En una sopera, batir la leche de soja con el gomasio, la teca y la sal. Verter el caldo caliente, mezclar y servir a continuación acompañado, si se desea, con picatostes de paté vegetal.

Invierno - Día 6

1. Comida

Menú:

- *Entrante:* col lombarda agridulce (ver más abajo)
- *Plato principal:* espaguetis Tapenade (ver *op. cit.*, pág. 121)
- *Postre:* gratén de manzanas con leche de almendras (ver *op. cit.*, página 152)

Col lombarda agridulce

INGREDIENTES: 1 col lombarda pequeña, 1 cebolla, 70 g de uvas pasas, 5 cucharadas soperas de vinagre de sidra, 1 pizca de Plantarom, 4 hojas de col (para decorar), sal, 1 cucharada de miel, cebollas.

PREPARACIÓN: cortar la col lombarda a tiras, añadir sal y rociar con el vinagre de sidra. Cocer a fuego lento durante unos veinte minutos dando la vuelta a la col tres veces. La col debe perder la dureza pero sin llegar a cocerse del todo. Escurrir y dejar enfriar. Empapar las uvas secas en el agua avinagrada de la col. Disponer las hojas de col a modo de conchas y, sobre ellas, colocar la col lombarda mezclada con las uvas. Rociar de vinagre, de Plantarom y de miel. Decorar con las rodajas de cebolla.

2. Cena

Menú:

- *Entrante:* ensalada de endivias (ver *op. cit.*, pág. 27)
- *Plato principal:* remolachas a la crema (ver *op. cit.*, pág. 62)
- *Postre:* cruasanes de Canarias (ver más abajo)

Cruasanes de Canarias

INGREDIENTES: 8 plátanos pequeños bastante maduros, 300 g de harina tipo 65, 2 huevos, 1 lima, 2 cucharadas soperas de leche, 100 g de azúcar, 2 cucharadas de pistachos, 1 cucharada sopera de jarabe de arce.

PREPARACIÓN: con la ayuda de la batidora, preparar una masa con la harina, la leche, un huevo, el azúcar y la cáscara de la lima. Dejar reposar y dividirla en 8 partes cuadradas. Separar la clara del segundo huevo y pintar los bordes de la masa. Adornar cada cuadrado con un plátano, rociar con el zumo de limón y cerrar dos de los cuatro extremos por encima del plátano (en diagonal) para formar un cruasán. Pintar con la yema de huevo. Disponer los cruasanes sobre una bandeja y hornear a fuego lento durante 20 minutos aproximadamente. Una vez fuera del horno, rociar con el jarabe de arce y espolvorear con los pistachos. Servir tibio.

Invierno - Día 7

1. Comida

Menú:

- *Entrante:* empanada de paté vegetal casero (ver más abajo)
- *Plato principal:* coliflor a las almendras (ver *op. cit.*, pág. 68)
- *Postre:* pastel pepona (ver *op. cit.*, pág. 141)

Empanada de paté vegetal casero

INGREDIENTES: 700 g de pasta quebrada, 2 cebollas, 500 g de paté vegetal casero (ver receta *op. cit.*, pág. 49), 2 huevos, 100 g de aceitunas negras.

PREPARACIÓN: preparar una pasta quebrada y cortarla en partes iguales cuadradas. En una sartén, rehogar las cebollas picadas y, a continuación, añadir el paté vegetal, las olivas a trozos y un huevo. Trabajar bien este relleno y cubrir con él los cuadrados de pasta. Doblar la pasta por su diagonal para formar un triángulo. Cerrar los extremos y pintar con huevo. Hornear durante 20 o 25 minutos a 200° C. Comer caliente o frío.

2. Cena

Menú:

- *Entrante:* cesta de frutas
- *Plato principal:* tortilla japonesa (ver en la página siguiente)
- *Postre:* crema a las ciruelas (ver *op. cit.*, pág. 155)

Tortilla japonesa

INGREDIENTES: 50 g de germen de soja fresco, 8 huevos, 2 cuadrados de tofu cortados a dados, Herbamare, 2 cucharadas de vinagre de sidra, 1 cucharada de miel, 1 pizca de jengibre rallado fresco, 50 g de sésamo, sal.

PREPARACIÓN: asar al horno, removiéndolos, los dados de tofu con la sal y el sésamo. Batir los huevos e incorporar a continuación el germen de soja y el tofu asado. Verter la tortilla en una sartén caliente sin grasa o simplemente pintada con un poco de aceite de sésamo. Cocinar con la tapadera puesta. Dorar por ambos lados. Mezclar el vinagre, la miel y el jengibre y rociar la tortilla antes de servir.

Invierno - Día 8

1. Comida

Menú:

- *Entrante:* salsa ensalada n.º 3 (ver *op. cit.*, pág. 174)
- *Plato principal:* pudín vegetal (ver más abajo)
- *Postre:* crema de almendras (ver *op. cit.*, pág. 153)

Pudín vegetal

INGREDIENTES: 500 g de pasta quebrada, 200 g de champiñones, 100 g de zanahorias, 200 g de bulgur cocido, 250 g de soja picada, 2 cebollas, 1 puerro, 1 taza de harina, 1 pizca de macis, 1 diente de cardamomo, 1 cucharada de Plantamare, 2 barras de agar-agar, sal y agua.

PREPARACIÓN: untar un molde de pudín y cubrirlo con 1 cm de pasta quebrada (guardar un poco para cubrir después). Cocer las verduras cortadas a trocitos junto con la soja y el agar-agar. A continuación, añadir el bulgur y la harina así como las hierbas y la sal. Mezclar bien y verter en el molde. Añadir una taza de caldo caliente (agua y Plantamare). Finalmente, recubrir con la masa restante y envolver el molde con un paño al cual le habremos enharinado la parte en contacto con la masa del pudín. Cocer durante 4 horas al baño María. Dejar enfriar. Antes de servir, agujerear la tapadera de pasta y verter una taza de caldo muy caliente.

2. Cena

Menú:

- *Entrante:* crema de apio nabo (ver *op. cit.*, pág. 16)
- *Plato principal:* blinis (ver más abajo)
- *Postre:* ciruelas pasas rellenas (ver *op. cit.*, pág. 158)

Blinis

INGREDIENTES: 20 g de levadura biológica (o de germen), 2 tazas de leche, 200 g de harina de trigo sarraceno, 2 huevos, 100 g de harina tipo 65, 2 pizcas de sal, 1 cucharada sopera de aceite de girasol.

PREPARACIÓN: en una taza con leche tibia, mezclar la levadura y la harina de trigo sarraceno. Dejar reposar durante 3 o 4 horas. Separar las claras de huevo y añadir a las yemas, y de forma sucesiva, la sal, la otra taza de leche, la harina tipo 65, el aceite, la levadura y las claras montadas a punto de nieve. Dejar reposar 40 minutos. Cocinar como si fueran crêpes (pero un poco más gruesos). Degustar con una muselina de zanahorias, o una compota de frutas, una mousse de roquefort, jarabe de arce, crema de algas....

Invierno - Día 9

1. Comida

Menú:

- *Entrante:* aguacates a la reina (ver *op. cit.*, pág. 36)
- *Plato principal:* gratén de puerros (ver *op. cit.*, pág. 89)
- *Postre:* tarta senegalesa (ver más abajo)

Tarta senegalesa

INGREDIENTES: 250 g de pasta quebrada (ver *op. cit.*, pág. 134), 50 g de azúcar moreno, 3 huevos, 1/4 l de leche, 1 pizca de vainilla, 1 plátano, 75 g de dátiles, 75 g de nuez de cajú, habichuelas.

PREPARACIÓN: estirar la pasta quebrada con un rodillo, disponerla en un molde para tarta, picarla con la punta de un tenedor y llenarla de habichuelas. Hornear durante 15 minutos (termostato 7). Durante este tiempo calentar la leche con la vainilla y dejar reposar. Batir un huevo entero y dos yemas (reservar las dos claras) con el azúcar. Picar grandes las nueces de cajú, el plátano y los dátiles. Mezclar las frutas y los huevos batidos e incorporar la leche caliente, muy despacio y sin dejar de remover. Retirar las habichuelas de la tarta y cubrirla con la preparación precedente. Hornear durante 20 minutos. Batir las dos claras a punto de nieve (muy firme) y decorar la parte superior de la tarta antes de volverla a introducir en el horno caliente durante 8 o 10 minutos. Dejar enfriar antes de servir.

2. Cena

Menú:

- *Entrante:* sopa Branca (ver más abajo)
- *Plato principal:* croquetas de copos (ver *op. cit.,* pág. 115)
- *Postre:* pastel de manzanas y ciruelas (ver *op. cit.,* pág. 136)

Sopa Branca

INGREDIENTES: 250 g de lechuga romana (o hojas de espinacas o de acelgas), 4 salchichas de soja, 500 g de patatas, 1 cucharadita de café de sal, 2 cucharadas soperas de aceite de oliva, 1 cucharada de sésamo negro, polenta o picatostes, agua.

PREPARACIÓN: cortar la lechuga a tiras. Cocer las patatas durante 20 minutos y preparar un puré. En el agua de cocción de las patatas mezclar las tiras de lechuga, el puré, el aceite, el sésamo negro, la sal y las salchichas de soja cortadas a rodajas. Cocer durante 5 minutos. Servir muy caliente con los picatostes o cuadrados de polenta.

Invierno - Día 10

1. Comida

Menú:

- *Entrante:* lechuga con aguacates (ver en la página siguiente)
- *Plato principal:* arroz a la india (ver *op. cit.,* pág. 110)
- *Postre:* mousse de ciruelas pasas (ver *op. cit.,* pág. 146)

Lechuga con aguacates

INGREDIENTES: 1 buena lechuga, 2 aguacates grandes, 1 pomelo, 2 cucharadas de sésamo blanco, 1 yogur, el zumo de 1 limón, 3 avellanas, hojas de apio.

PREPARACIÓN: en una ensaladera, disponer las hojas de lechuga y cubrirlas con la pulpa de los aguacates cortada a cuartos y el pomelo cortado a dados. Rociar con una salsa preparada con el yogur, el zumo de limón y las avellanas. Espolvorear con el sésamo y el apio picado. Decorar con una ramita de apio. Servir a continuación.

2. Cena

Menú:

- *Entrante:* zumo de zanahorias frescas.
- *Plato principal:* sopa de cebolla gratinada (ver más abajo)
- *Postre:* bolas de dátiles y naranjas (ver *op. cit.,* pág. 159)

Sopa de cebolla gratinada

INGREDIENTES: 2 cebollas, 4 lonchas de pan completo, 100 g de gruyer rallado, 1 porción de soja, 1 cucharada de arruruz, sal, nuez moscada, 1 l de agua.

PREPARACIÓN: cortar las cebollas a rodajas y dorarlas a fuego lento en una sartén. Espolvorearlas con el arruruz. Preparar un caldo con el litro de agua y la porción de soja. Mezclar las cebollas y el arruruz removiendo con una cuchara de madera y rociar con el caldo. Cocer a fuego lento durante 10 minutos habiendo añadido previamente la sal y la nuez moscada. No dejar de remover. Tostar el pan, disponerlo sobre una bandeja y recubrirlos de una parte de queso rallado. Verter la sopa por encima y espolvorear con el resto del queso rallado. Gratinar al *grill* del horno durante algunos minutos. Tomar muy caliente.

Invierno - Día 11

1. Comida

Menú:

- *Entrante:* ensalada de diente de león al estilo lionés (ver más abajo)
- *Plato principal:* arroz al ajo (ver *op. cit.,* pág. 110)
- *Postre:* soufflé a las avellanas (ver *op. cit.,* pág. 149)

Ensalada de diente de león al estilo lionés

INGREDIENTES: 250 g de diente de león, 100 g de tofu en porciones, 2 cucharadas soperas de aceite de oliva, 1 cucharada sopera de vinagre de sidra, 1 huevo pasado por agua, 1 cucharada de puré de avellanas, 1 cucharada de Vitaquell, sal, picatostes con ajo.

PREPARACIÓN: escoger los dientes de león conservando las flores (son muy sabrosas). Preparar una salsa de ensalada con el aceite, el puré de avellana, la sal y el huevo pasado por agua picado muy fino. En una sartén, rehogar las porciones de tofu en el Vitaquell y a continuación añadir el vinagre (para que esté caliente). Verter la mezcla en la ensaladera sobre el diente de león. Servir con los picatostes frotados con ajo.

2. Cena

Menú:

- *Entrante:* crema de berro (ver *op. cit.,* pág. 17)
- *Plato principal:* manzanas a la campesina
- *Postre:* plátanos en papillote (ver más abajo)

Plátanos en papillote

INGREDIENTES: 4 plátanos maduros pero firmes, 4 cucharadas de postre de gelatina de moras (o de frambuesas), 24 uvas pasas blancas, 1 cucharada de avellanas picadas.

PREPARACIÓN: lavar cuidadosamente los plátanos (sin pelar) y secarlos. Realizar un corte a lo largo e introducir entre las dos mitades las uvas pasas (6 por plátano) y la gelatina. Cerrar y envolver cada plátano con papel de aluminio cerrando los extremos como en una papillote. Introducir en el horno durante 30 minutos. Servir los plátanos calientes, espolvoreados con las avellanas picadas.

Invierno - Día 12

1. Comida

Menú:

- *Entrante:* col lombarda con piña (ver en la página siguiente)
- *Plato principal:* bulgur a mi manera (ver *op. cit.,* pág. 100)
- *Postre:* pastelitos secos (ver *op. cit.,* pág. 157)

Col lombarda con piña

INGREDIENTES: 1 col lombarda pequeña bien redonda y bien apretada (ello facilita el corte), 12 uvas pasas blancas, 1 yogur entero, 3 rodajas de piña fresca, ½ vaso de zumo de piña, 1 pizca de azafrán, 1 pizca de pimienta, 1 cucharada sopera de vinagre de sidra, hojas de col.

PREPARACIÓN: en el zumo de piña, poner en remojo las uvas pasas. Cortar la col lombarda en cuatro trozos y cada uno de ellos en rodajas finas (las hojas formarán tiras). Mezclar la col y la piña cortada a dados en una ensaladera. Verter las salsa preparada con el yogur, el azafrán, la pimienta, las uvas y el zumo de piña. Rociar con el vinagre de sidra. Remover y dejar macerar durante ½ hora. Se puede servir sobre un lecho de hojas de col y adornar con la flor de la piña.

2. Cena

Menú:

- *Entrante:* zumo de manzana, limón y canela (ver *op. cit.*, pág. 165).
- *Plato principal:* tostadas florentinas (ver más abajo)
- *Postre:* calabaza sorpresa (ver *op. cit.*, pág. 153)

Tostadas florentinas

INGREDIENTES: 4 rebanadas grandes de pan integral, 500 g de espinacas, 4 huevos, sal, nuez moscada, 12 hiziquis, vinagre de sidra.

PREPARACIÓN: cocer las espinacas, escurrirlas y picarlas grandes con un cuchillo. En un sartén, disponer las espinacas y cascar con cuidado y uno a uno, los cuatro huevos. Tapar con una tapadera. Tostar el pan, disponerlo sobre una bandeja y cubrir cada tostada con las espinacas y su huevo correspondiente. Espolvorear con nuez moscada. Decorar con los hiziquis previamente empapados en vinagre.

Invierno - Día 13

1. Comida

Menú:

- *Entrante:* ensalada americana (ver *op. cit.*, pág. 30)
- *Plato principal:* gratinado de salsifí (ver más abajo)
- *Postre:* queso con especias

Gratinado de salsifí

INGREDIENTES: 1 kg de salsifís, 3 Sojanelles con especias, 150 g de queso comté rallado, 1 cucharada de arruruz, 3 huevos, 1 cucharada de leche en polvo, sal, macis, 6 ñoquis de polenta (guarnición), agua.

PREPARACIÓN: cocer los salsifís, reservar el agua de la cocción e incorporar a ella los huevos, la leche en polvo, los Sojanelles, el arruruz y las hierbas aromáticas. Mezclar bien y verter sobre los salsifís dispuestos en una bandeja. Espolvorear con el queso rallado y hornear durante 20 minutos. Servir con los ñoquis de polenta o con picatostes.

2. Cena

Menú:

- *Entrante:* remolachas Fátima (ver *op. cit.,* pág. 36)
- *Plato principal:* sopa campesina con perejil (ver más abajo)
- *Postre:* cuscús Sáhara (ver *op. cit.,* pág. 152)

Sopa campesina con perejil

INGREDIENTES: 1 puñado grande de perejil, 1 puerro, 2 dientes de ajo, 2 cucharadas soperas de crema de cebada, 1 pizca de laurel en polvo, sal, ¼ l de agua.

PREPARACIÓN: con la ayuda de la batidora mezclar, en ¼ l de agua, el perejil, la crema de cebada, el ajo, la sal y el laurel. Cocer esta preparación añadiendo el puerro cortado en rodajas muy finas. Dejar cocer durante 5 minutos y servir caliente.

Invierno - Día 14

1. Comida

Menú:

- *Entrante:* aguacates rellenos bretones (ver más abajo)
- *Plato principal:* mijo verde-verde (ver *op. cit.,* pág. 103)
- *Postre:* galletas de arándanos

Aguacates rellenos bretones

INGREDIENTES: 2 aguacates maduros al punto, 1 puñado de hiziquis macerados desde el día anterior en vinagre de sidra y miel, algunas hojas de lechuga, un bol pequeño de mayonesa con limón.

PREPARACIÓN: cortar los aguacates en dos y disponer cada mitad sobre un lecho de hojas de lechuga. Rellenar el hueco del hueso con una cucharada de mayonesa y los hiziquis escurridos. Decorar las hojas de lechuga con hiziquis y pequeñas bolitas de mayonesa.

2. Cena

Menú:

- *Entrante:* sopa de granja (ver más abajo)
- *Plato principal:* lombarda hortelana (ver *op. cit.*, pág. 69)
- *Postre:* bolas de nieve (ver *op. cit.*, pág. 156)

Sopa de granja

INGREDIENTES: 200 g de azuquis, 500 g de calabaza, 1 grano de clavo, 1 pizca de teca, 1 alga kombu, sal, 2 l de agua, berros, nata líquida.

PREPARACIÓN: cocer los azuquis en 2 l de agua con el kombu y el clavo. A mitad de la cocción, añadir la calabaza cortada a dados. Al final de la cocción, retirar el kombu y el clavo y tamizar. Mezclar en una sopera con la sal y la teca. Los más glotones pueden añadir una cucharada de nata líquida antes de servir. Para la decoración, espolvorear con berros picados.

Invierno - Día 15

1. Comida

Menú:

- *Entrante:* naranjas rellenas de algas (ver más abajo)
- *Plato principal:* cebada de la ardilla (ver *op. cit.*, pág. 106)
- *Postre:* soufflé de almendras y piel de limón (ver *op. cit.*, pág. 147)

Naranjas rellenas de algas

INGREDIENTES: 4 naranjas, 2 cucharadas soperas de hiziquis, 50 g de uvas pasas, 10 piñones de pino, 2 cucharadas de mayonesa con tofu, 1 zumo de naranja, lechuga.

PREPARACIÓN: cortar las naranjas en zigzag con un cuchillo especial. Vaciar las dos mitades, cortar la pulpa a dados y disponerlos en un recipiente con los hiziquis y las uvas. Rociar con el zumo de naranja y dejar macerar durante 30 minutos. Escurrir y mezclar con la mayonesa de tofu. Rellenar las mitades de naranja y decorar con los piñones. Presentar sobre un lecho de lechuga decorada con cáscaras de naranja (utilizando para ello la parte superior).

2. Cena

Menú:

- *Entrante:* cesta de frutas de la estación.
- *Plato principal:* puerros a la crema de cacahuete (ver en la página siguiente)
- *Postre:* compota otoñal de manzanas (ver otoño, día 3)

Puerros a la crema de cacahuete

INGREDIENTES: 12 buenos puerros, 2 cucharadas soperas de Dakatine, sal, curry, agua.

PREPARACIÓN: cocer los puerros y mantenerlos calientes. Incorporar al agua de cocción, la Dakatine, la sal y el curry. Mezclar bien con la ayuda de la batidora y cubrir los puerros, todavía calientes, decorando con finas lonchas de puerros crudos.

Invierno - Día 16

1. Comida

Menú:

- *Entrante:* col con alcaravea (ver más abajo)
- *Plato principal:* cuscús al horno (ver *op. cit.*, pág. 101)
- *Postre:* gratén de manzanas a la leche de almendras (ver *op. cit.*, página 152)

Col con alcaravea

INGREDIENTES: 1 buena col bien firme, 1 cucharada de semillas de alcaravea, 1 pizca de Plantarom, 1 cucharada de gomasio, el zumo de 1 limón, 2 cucharadas de aceite de germen de maíz.

PREPARACIÓN: cortar la col lo más finamente posible. Con la ayuda de la batidora mezclar, la alcaravea, el aceite y el gomasio. Rociar la col con esta salsa y dejar macerar durante 1 hora. Antes de servir, añadir el zumo de limón y espolvorear con Plantarom. Presentar sobre un lecho de hojas de col.

2. Cena

Menú:

- *Entrante:* cesta de frutas
- *Plato principal:* conchas Parmentier (ver más abajo)
- *Postre:* queso blanco con almendras (ver invierno, día 22)

Conchas Parmentier

INGREDIENTES: 1 kg de patatas bastante grandes y regulares, 4 Petit-suisse 2 huevos, 50 g de queso de Saboya rallado, 50 g de pan rallado, sal, 1 cucharada de finas hierbas mezcladas, nata líquida o Nussa.

PREPARACIÓN: enjuagar las patatas bajo el grifo, secarlas y asarlas (con la piel) al horno. Una vez asadas, cortarlas en dos mitades y retirar la carne cuidadosamente. Preparar un puré e incorporar los Petit-suisse, los huevos, el queso tome de Saboya rallado, el pan rallado, la sal y las finas hierbas. Rellenar las patatas vaciadas con esta preparación y gratinar en el horno caliente. Servir con la nata líquida o el Nussa.

Invierno - Día 17

1. Comida

Menú:

- *Entrante:* huevos duros rellenos (ver en la página siguiente)
- *Plato principal:* quiche de cereales (ver *op. cit.*, pág. 116)
- *Postre:* soufflé a las avellanas (ver *op. cit.*, pág. 149)

Huevos duros rellenos

INGREDIENTES: 4 huevos, 150 g de champiñones, 1 pizca de orégano, 1 pizca de sal, $^1/_3$ l de salsa bechamel (ver *op. cit.*, pág.180)

PREPARACIÓN: cocer los huevos y una vez fríos cortarlos en dos. Retirar las yemas, machacarlas y mezclarlas con los champiñones hervidos y picados (bien escurridos) y la sal. Rellenar las claras con esta preparación y añadir orégano. Disponer en una bandeja y cubrir con la salsa bechamel. Gratinar al horno y servir a continuación.

2. Cena

Menú:

- *Entrante:* zumo de zanahorias frescas
- *Plato principal:* lentejas Saint-Martinoises (ver más abajo)
- *Postre:* pastel de sémola a las uvas (ver *op. cit.*, pág. 142)

Lentejas Saint-Martinoises

INGREDIENTES: 250 g de lentejas, 2 cebollas, 1 diente de ajo, 2 ramas de apio, 2 nabos, 2 patatas, 1 cucharada de Plantamare, 1 cucharada de aceite de oliva, algunos granos de pimienta, 1 manojo de laurel, 1 l de agua.

PREPARACIÓN: rehogar en una olla, el ajo picado, la cebolla cortada, los nabos en rodajas, el apio a trozos y las patatas a dados. No dejar de remover hasta que las verduras empiecen a dorar. A continuación incorporar el litro de agua y añadir las lentejas. Cocer a fuego lento durante una hora (las lentejas deben estar tiernas). Al final de la cocción añadir Plantamare y servir caliente con un chorrito de aceite de oliva.

Invierno - Día 18

1. Comida

Menú:

- *Entrante:* ensalada de endivias (ver *op. cit.*, pág. 27)
- *Plato principal:* hojaldre a las coles (ver *op. cit.*, pág. 68)
- *Postre:* soufflé de naranja (ver más abajo)

Soufflé de naranja

INGREDIENTES: 1 naranja cortada a trozos, el zumo de 1 naranja, 4 huevos, 50 g de azúcar, 25 g de harina, 80 g de uvas pasas, 25 g de Vitaquell.

PREPARACIÓN: pelar una naranja. Rehogar la cáscara rallada en el Vitaquell e incorporar progresivamente la harina y el zumo de naranja. Sin dejar de remover, añadir a continuación los dados de pulpa de naranja y las uvas secas. Dejar cocer removiendo de vez en cuando. Retirar del fuego, añadir el azúcar y dejar enfriar. Añadir las yemas de huevo batidas. Montar las claras a punto de nieve e incorporarlas lentamente. Verter la mezcla en un molde de soufflé y dejar cocer durante 45 minutos a horno medio. Servir caliente.

2. Cena

Menú:

- *Entrante:* sopa relámpago (ver invierno, día 5)
- *Plato principal:* Sojanelles en brioche (ver en la página siguiente)
- *Postre:* crema al almíbar de arce (ver *op. cit.*, pág. 153)

Sojanelles en brioche

INGREDIENTES: 350 g de harina tipo 55, 25 cl de nata líquida, 3 huevos, 1 cucharadita de café de levadura biológica, 100 g de Vitaquell, 8 Sojanelles, sal, aceitunas, pepinillos, lechuga.

PREPARACIÓN: con la ayuda de la batidora, mezclar la harina, los huevos, la nata líquida, la levadura, el Vitaquell y la sal. Disponer esta masa en un molde previamente enharinado. Hundir los Sojanelles en la masa e introducir en el horno caliente durante 25 minutos. Servir caliente, a rodajas, sobre un lecho de lechuga. Poner aceitunas y pepinillos sobre la mesa.

Invierno - Día 19

1. Comida

Menú:

- *Entrante:* pizzetas con aceitunas (ver más abajo)
- *Plato principal:* polenta con salsa áurea (ver *op. cit.*, pág. 108)
- *Postre:* crema de limón (ver *op. cit.*, pág. 154)

Pizzetas con aceitunas

INGREDIENTES: 500 g de pasta quebrada, 300 g de aceitunas negras deshuesadas, 150 g de queso de raclette, 1 yema de huevo, zanahorias o apio rallado.

PREPARACIÓN: dividir la pasta quebrada en dos partes, una de 1 cm de espesor y la otra más delgada. Con un molde, preparar 16 círculos (8 de cada trozo de la pasta) y disponer los más gruesos sobre una bandeja. Disponer las aceitunas encima y sobre ellas el queso. Cubrir con los círculos más finos y cerrar los bordes apretando con el molde. Pintar con huevo y hornear durante 20 minutos. Servir a continuación con una guarnición de zanahorias o apio rallado.

2. Cena

Menú:

- *Entrante:* zumo casero de zanahorias frescas
- *Plato principal:* tostadas de huevos a punto de nieve (ver más abajo)
- *Postre:* pastel de sémola a las uvas (ver *op. cit.*, pág. 142)

Tostadas de huevos a punto de nieve

INGREDIENTES: 4 huevos, 70 g de queso comté rallado, 4 lonchas de pan de miga un poco gruesas, sal y nuez moscada, puré de verduras.

PREPARACIÓN: mezclar las yemas de huevo, el comté rallado, la sal y la nuez moscada hasta conseguir una pasta consistente. Con un vaso, cortar círculos de miga en las rebanadas de pan (no muy fresco). Disponer estos círculos de pan de miga sobre una bandeja y recubrir con la pasta precedente. Batir los huevos a punto de nieve lo más firme posible y coronar el conjunto. Introducir a fuego lento durante 20 minutos. Servir caliente o tibio acompañado de un puré de verduras.

Invierno - Día 20

1. Comida

Menú:

- *Entrante:* ensalada americana (ver *op. cit.*, pág. 30)
- *Plato principal:* arroz gratinado a la crema (ver en la página siguiente)
- *Postre:* galleta de arándanos

Arroz gratinado a la crema

INGREDIENTES: 250 g de arroz largo completo, 1 queso blanco grande, 4 yemas de huevo, el zumo de 1 limón, 150 g de queso comté rallado, 1 pizca de nuez moscada, sal, 1 cucharada de perifollo seco picado, salsa pachá (ver *op. cit.*, pág. 186), agua.

PREPARACIÓN: cocer el arroz en agua. Con la ayuda de la batidora, mezclar el queso blanco (con su agua), las yemas de huevo, la sal, la nuez moscada y el zumo de limón. Añadir el queso comté rallado al arroz cocido, disponerlo en una bandeja y cubrirlo con la crema preparada anteriormente. Introducir en el horno caliente durante 20 minutos. Servir caliente, decorar con el perifollo y acompañar con la salsa pachá (ver *op. cit.*, pág. 186).

2. Cena

Menú:

- *Entrante:* cardos a la griega (ver *op. cit.*, pág. 37)
- *Plato principal:* puré sorpresa (ver *op. cit.*, pág. 79)
- *Postre:* arroz con ciruelas pasas (ver más abajo)

Arroz con ciruelas pasas

INGREDIENTES: 100 g de arroz completo, 1 l de leche, 250 g de azúcar, 1 pizca de sal, 1 barra de agar-agar, 1 pizca de vainilla, 12 ciruelas pasas, 3 huevos, agua, zumo de naranja o limón.

PREPARACIÓN: cocer el arroz con la leche, al horno y durante 45 minutos. A continuación, añadir el azúcar, la sal y la vainilla. Mezclar bien, añadir los huevos uno por uno y el agar-agar previamente fundido en un vaso de agua. Verter la preparación en un molde y dejar enfriar completamente. Retirar del molde y adornar con las ciruelas pasas que previamente habremos introducido en el zumo de naranja (o de limón).

Invierno - Día 21

1. Comida

Menú:

- *Entrante:* ensalada de choucroute cruda (ver *op. cit.*, pág. 26)
- *Plato principal:* tortas de avena con verduras (ver más abajo)
- *Postre:* crema de mangos (ver invierno, día 23)

Tortas de avena con verduras

INGREDIENTES: 100 g de copos de avena, 2 chalotes, 1 o 2 puerros (según el grosor), 2 dl de leche, 100 g de espinacas, 1 huevo, sal, 50 g de pan rallado.

PREPARACIÓN: cocer las espinacas y los puerros cortados en rodajas finas. Escurrirlos. Rehogar los copos de avena en una sartén y añadir la leche, las verduras y los chalotes picados. Cocer hasta que se forme una pasta muy espesa. Añadir sal y dejar enfriar. Disponer el huevo batido y el pan rallado en dos platos diferentes. Formar pequeñas tortas con la masa, mojarlas en huevo y después introducirlas en el pan rallado. Asar las tortas en una sartén o una parrilla. Servir bien caliente.

2. Cena

Menú:

- *Entrante:* cesta de frutas
- *Plato principal:* mijo en caldo (ver en la página siguiente)
- *Postre:* crema a las ciruelas (ver *op. cit.*, pág. 155)

Mijo en caldo

INGREDIENTES: 1 zanahoria, 1 cebolla, 1 cucharada de miso, 1 nabo, 200 g de mijo, 2 huevos duros.

PREPARACIÓN: hervir en una olla con agua, la zanahoria rallada, el nabo cortado a dados pequeños, la cebolla a rodajas y el mijo. Dejar cocer durante 20 minutos a fuego lento. Separar las claras de las yemas y batirlas aparte con el tenedor. Disponer el mijo en una sopera y añadir el miso y la yema y la clara de huevo. Servir a continuación.

Invierno - Día 22

1. Comida

Menú:

- *Entrante:* col con alcaravea (ver invierno, día 16)
- *Plato principal:* albóndigas de trigo y azuquis (ver más abajo)
- *Postre:* soufflé de naranja (ver invierno, día 18)

Albóndigas de trigo y azuquis

INGREDIENTES: 100 g de bulgur fino, 150 g de azuquis, 5 chalotes, sal, 1 diente de ajo, 1 cucharada de aceite de oliva, 1 lechuga.

PREPARACIÓN: cocer las judías azuquis durante 30 minutos y añadir a continuación el bulgur y dejar cocer durante 15 minutos más. Retirar del fuego para dejar crecer mientras se enfría. Picar el ajo y el chalote y mezclar con la sal y el aceite. Formar pequeñas albóndigas con la mezcla de azuquis y bulgur e introducirlas al horno durante 10 minutos. Presentarlas sobre un lecho de hojas de lechuga adornadas con la picada anterior.

2. Cena

Menú:

- *Entrante:* queso blanco con almendras (ver más abajo)
- *Plato principal:* sopa Parmentier (ver invierno, día 2)
- *Postre:* tisana de regaliz.

Queso blanco con almendras

INGREDIENTES: 400 g de queso blanco, 70 g de almendras, 100 g de uvas pasas, 2 limones, 1 pizca de sal, 1 yema de huevo cruda, ½ vaso de leche, 3 filamentos de azafrán.

PREPARACIÓN: con la ayuda de la batidora, mezclar cuidadosamente las almendras, las uvas, la leche, la sal, el azafrán, el zumo y la cáscara del limón. A continuación, añadir la yema de huevo. Batir el queso blanco en una ensaladera e incorporar a la preparación precedente. Disponer en copas individuales decoradas con una corteza de limón y una almendra. Servir frío (preparar una hora antes).

Invierno - Día 23

1. Comida

Menú:

- *Entrante:* crema de mangos (ver en la página siguiente)
- *Plato principal:* copos de avena a las almendras (ver *op. cit.*, pág. 99)
- *Postre:* queso con especias

Crema de mangos

INGREDIENTES: 3 mangos bien maduros, 2 cucharadas soperas de zumo de lima, 1 cucharada de miel de acacia, 1 pizca de sal, 2 claras de huevo, 1 pizca de canela.

PREPARACIÓN: pelar los mangos y cortar una de las mitades en dados pequeños. Triturar la otra mitad junto con el zumo de lima y la miel. Si los mangos son filamentosos tamizar el puré. Batir las claras a punto de nieve y mezclarlas cuidadosamente con el puré. A continuación, incorporar los dados de mango espolvoreados con canela. Enfriar en copas individuales. Decorar antes de servir con una rodaja de lima o un bastoncillo de canela.

2. Cena

Menú:

- *Entrante:* cesta de frutas.
- *Plato principal:* flan de calabaza (ver *op. cit.*, pág. 69)
- *Postre:* tarta de nueces del Canadá (ver más abajo)

Tarta de nueces del Canadá

INGREDIENTES: 300 g de masa de tarta, 2 huevos, 200 g de jarabe de arce, 10 g de nueces picadas, 1 cucharada sopera de compota de peras, 1 pizca de vainilla, azúcar.

PREPARACIÓN: preparar dos bolas de masa y disponer una en un molde de tarta. Calentar el horno (termostato 6). Con la ayuda de la batidora mezclar los huevos, el azúcar y la vainilla y añadir la compota y las nueces picadas muy finas. Cubrir el fondo de la tarta con esta mezcla y tapar con la segunda mitad de masa. Abrir una chimenea en la tapa de masa y hornear durante 10 minutos a fuego fuerte y 20 minutos más a fuego lento. Al salir del horno, verter el jarabe de arce por el orificio de la chimenea. Comer tibio.

Invierno - Día 24

1. Comida

Menú:

- *Entrante:* aguacates a la reina (ver *op. cit.*, pág. 36)
- *Plato principal:* sémola de trigo sarraceno en albóndigas (ver más abajo)
- *Postre:* gratén de manzanas a la leche de almendras (ver *op. cit.*, página 152)

Sémola de trigo sarraceno en albóndigas

INGREDIENTES: 100 g de trigo sarraceno, $^1/_3$ l de leche, 100 g de Vitaquell, 3 huevos, 1 pizca de sal, 1 pizca de menta seca en polvo, agua, puré de verduras.

PREPARACIÓN: hervir la leche y a continuación verter el trigo sarraceno dejando cocer durante 10 minutos más. Reblandecer el Vitaquell al baño María y a continuación batirlo con las yemas de huevo. Incorporar esta crema al trigo sarraceno y añadir la menta. Batir las claras a punto de nieve firme e incorporar cuidadosamente a la mezcla. Poner una olla de agua a hervir. Con una cuchara mojada, tomar una nuez de la preparación y formar una bolita entre las manos también mojadas y así sucesivamente con toda la masa. Dejar cocer las bolitas durante 10 minutos en el agua hirviendo. Escurrir y mantener caliente en el horno hasta el momento de servir. Acompañar con un puré de verduras.

2. Cena

Menú:

- *Entrante:* zumo de remolacha y zanahorias
- *Plato principal:* crema de habas (ver más abajo)
- *Postre:* cruasaness de Canarias (ver invierno, día 6)

Crema de habas

INGREDIENTES: 300 g de habas secas, 1 apio, 1 zanahoria, 1 puerro, 1 pizca de macis, 1 yema de huevo, 1 vaso de leche de soja sin azúcar, sal, agua.

PREPARACIÓN: poner las habas en remojo el día anterior. Escurrir y cocerlas durante una hora. Triturarlas y disponer el puré con un poco del agua de cocción en una olla, añadir la zanahoria rallada, el apio y el puerro picados muy finos y cocer durante 5 minutos. Añadir la sal y el macis. Batir la leche de soja y la yema de huevo e incorporar la mezcla al puré de habas. Servir en una sopera, muy caliente, espolvoreando por encima con hojas de puerro picadas.

Invierno - Día 25

1. Comida

Menú:

- *Entrante:* alcachofas con queso
- *Plato principal:* trigo espelta con salsa Paulette (ver en la página siguiente)
- *Postre*: crema al limón (ver *op. cit.*, pág. 154)

Trigo espelta con salsa Paulette

INGREDIENTES: 500 g de trigo espelta, 2 Petit-suisse, 1 yema de huevo, 1 cucharadita de café de Plantamare, 1 pizca de cúrcuma, 6 chalotes, 50 g de piñones, 2 nabos, 1 puerro, 1 grano de pimienta verde, 1,5 l de agua.

PREPARACIÓN: cocer el trigo espelta durante 30 minutos en 1,5 l de agua. A lo largo de la cocción añadir el nabo cortado a dados, los chalotes y el apio picados. Con la ayuda de la batidora mezclar bien los Petit-suisse, la yema de huevo, las hierbas y el Plantamare con un poco de caldo de trigo espelta caliente. Verter el trigo espelta en una bandeja y cubrir con la salsa. Servir a continuación decorando con los piñones.

2. Cena

Menú:

- *Entrante:* ensalada de remolachas crudas (ver *op. cit.,* pág. 25)
- *Plato principal:* endivias flamencas (ver más abajo)
- *Postre:* crema al almíbar de arce (ver *op. cit.,* pág. 153)

Endivias flamencas

INGREDIENTES: 8 buenas endivias, 2 pizcas de cardamomo molido, el zumo de un limón, 1 cucharada de aceite de oliva, 1 yogur, 1 Petit-suisse, 3 almendras, sal.

PREPARACIÓN: cocer las endivias con poca agua. Con la ayuda de la batidora, mezclar cuidadosamente el yogur, el Petit-suisse, el aceite, el zumo de limón, la sal y el cardamomo. Verter esta salsa sobre las endivias calientes y servir espolvoreando con almendras trituradas.